考拉旅行 乐游全球

说走就走的旅行 有我，就是这么简单！ 一书在手，畅游无忧

MALAYSIA GUIDE

畅游马来西亚就这本超棒！

总策划 黄金山

《畅游马来西亚》编辑部 编著

華夏出版社

HUAXIA PUBLISHING HOUSE

目录 CONTENTS

畅游马来西亚 MALAYSIA

PAYA

4 槟城 135

5 彭亨州&丁加奴州 167

6 沙巴州 179

7 沙捞越州 195

索引 214

出游需要个好帮手

《畅游世界》系列图书即将付梓，编者嘱我写序。我曾经从事旅游出版工作十余年，对旅游图书有些感觉，在这里谈一点感言，权作交差吧。

人生数十载，不外乎上学、工作、生活三部分内容。上学和工作乐趣不多，压力不少；只有生活（上学和工作之外）能够品尝出些许味道。而这其中，最有意思、最令人向往、最能给人带来欢乐与回味的生活方式便是旅游，尤其对于当今生活节奏快、成本高，工作压力大、收入低，人口密度高、服务差，整天像牛马一样机械地干活的都市人来说，旅游是一服综合的良药，虽不能说包治百病，却是良效多多。记得哲人歌德说过："大自然是一部伟大的书。"而旅游就是阅读这部大书最为轻松愉悦的方式。一次短暂的旅游，可以使心灵得到长时间的安宁与抚慰；一次遥远的旅游，可以领悟人生的坎坷，体验生命的精彩；一次艰辛的旅游，留下的是难忘的记忆；一次快乐的旅游，带来的更是值得珍藏的财富。总之，旅游陶冶人的情操，愉悦人的身心，给人的生活带来无尽的希望与力量。

一次成功的旅游，需要做好三个阶段的工作：行前准备、途中指引、归来总结，而一本好的旅游指南书都能帮您搞定。虽然说现今的网络发达时代，利用各种固定的、移动的电子设备，可以查询相关旅游信息，方便快捷，但我对这些东西其实并不感冒，起码目前是这样，因为网上的信息东拼西凑、复制粘贴的太多，新兴的数字出版领域从行规建设、人员素质、质量控制等等诸多方面，要比已经发展了近百年的传统纸质图书行业稀松得多，可信度自然也就大打了折扣。数字出版物要想俘住广大读者的心，还有很长的路要走。所以，我建议出游的人们目前携带一本精要实用的纸质旅游指南书，还是明智的选择。

书店的旅游指南销售柜台已经摆满了花花绿绿的多家产品，各有优劣，读者尽可随意挑选。如果要我做个推荐，我自然要首推华夏出版社的“华夏行者——《畅游世界》”系列。这是一套为旅游爱好者量身定制的旅游指南书，通篇贯穿着一个宗旨，那就是让旅游者“畅”，食住行游购娱一路顺畅，惊喜快乐。书中对目的地的地理、气候、人文、区划、交通等作了详尽的介绍，还对当地的旅游热点、风味美食、平民餐馆、伴手好礼以及购物佳地等都进行了精选归纳和说明，最重要的还是本书精心设计的几天几夜游，它对于那些没时间计划或不会计划的忙人或懒人来说，很是管用，让您无须计划，拎起本书即可坦然上路。至于它是否具备优秀旅游指南的各项要素，诸如全面性、准确性、实用性、针对性、时效性、美观性等等，我便不再废话，说多了有“王婆卖瓜，自卖自夸”嫌疑，读者用过了，自然便有了答案。

仁者乐山，智者乐水。对于热爱生活的人们来说，旅游的步伐，从来都是风雨无阻，愿携带《畅游马来西亚》出行的人们，畅来畅往，快乐安康。

华夏出版社社长、总编辑

LOOK!马来西亚!

❶概况

马来西亚由马来半岛南部的马来亚和位于加里曼丹岛北部的沙捞越、沙巴组成，共分为13个州，简称大马，是东南亚国家联盟创始国之一。风光优美的马来西亚日照充足，拥有大量美丽迷人的沙滩、海岛、热带雨林、千姿百态的洞穴、独特的民俗风情和动植物，是东南亚著名的观光度假胜地。

❷印象

地处热带的马来西亚阳光充足，不论是迷人的海滩、奇特的海岛、原始热带雨林、珍贵的动植物、千姿百态的洞穴，还是古老的民俗民风、悠久的历史文化遗迹以及现代化的大都市风光等，都令来自世界各地的游人印象深刻，这个古老历史与现代文明交织的神奇国家也以其独特的魅力闪耀着诱人的光芒。

❸地理

马来西亚地处太平洋和印度洋之间，国土总面积330345平方公里，海岸线长4192公里。马来西亚地势北高南低，其中基纳巴卢山海拔4101米，是马来西亚最高峰。

❹气候

马来西亚位于赤道附近，属热带雨林气候，无明显四季之分。内地山区年均气温为22°C～28°C，沿海平原为25°C～30°C，全年降雨量为2000～2500毫米，气候潮湿。

❺区划

马来西亚全国分为柔佛、吉打、吉兰丹、马六甲、森美兰、彭亨、槟城、霹雳、玻璃市、雪兰莪、登嘉楼、沙巴、沙捞越共13个州，以及首都吉隆坡、纳闽和布城3个联邦直辖区。

❻人口

马来西亚约有人口3162万。

马来西亚面孔！

NO.1 热带雨林

马来西亚地处热带，这里气候湿热，十分适合热带雨林的生长。因此在马来西亚拥有很多处生长了数十万年的雨林，是世界上少数几个拥有大片热带雨林的国家。这里古木参天，遮天蔽日，走进雨林中感觉气温都一下子下降了好几度。在森林中瀑布丛生，各种珍稀动植物到处都是，堪称是一处大自然的宝库，人们可以在这里探险游览，和大自然来个亲密接触。

NO.2 多元民族文化

马来西亚是一个多民族的国家，除了最大的族群马来人外，还有印度人、华人及其他少数民族原住民，他们各有各的特色文化、宗教信仰。在马来西亚随处都能见到这些不同文化绽放出的花朵，比如他们形态各异的房屋、多姿多彩的庙宇、独具特色的生活方式，以及精美无比的各色手工艺品等，都能让人体会到不同文化之间的相互交融。

NO.3 马来建筑

马来西亚经历过多个历史时期，每个历史时期都留下了大量各具特色的建筑。如马六甲就到处都是充满葡萄牙和荷兰特色的欧式小屋，加里曼丹岛上则有很多马来西亚本地原住民特色的高脚屋等建筑，而随处都有的中式建筑更是其中不可缺少的部分。每看一种建筑就好像深入到这种文化之中去，让人有一种畅游历史长河的感觉。

NO.4 马来西亚美食

马来西亚可以说是一个美食天堂，多元化的种族文化造就了这里多元化的饮食文化。在这里有马来菜、中餐、印度餐、西餐等多种风味的美食，其中马来菜主要以酸辣口味为主，多放香辛料，同时以牛、羊、鸡、鸭、鱼、虾等为主料，口味较重。此外，椰浆饭、忍当鸡、沙爹、沙律啰惹、咖喱鸡、肉骨茶等都是马来西亚最吸引人的特色菜肴。

NO.5 度假胜地

马来西亚风光旖旎，旅游资源极为丰富，特别是邦喀岛、乐浪岛、刁曼岛、云顶高原等地更是游人如织的美妙度假胜地。其中的这些岛屿不仅是泉水的天堂，更是悠闲放松的绝好去处。在这些热门景点大多开设有设施先进的度假村，即使是在炎热的夏天也可以享受到清凉自在的假期生活，保管让每个游客都能自由自在不受打扰地清静度假。

NO.6 马六甲海峡

马六甲海峡是连接太平洋和印度洋的通道，曾经是世界上最重要的航运通道，是海上丝绸之路的重要组成部分。早在公元4世纪时，阿拉伯人就通过这里来到中国，将瓷器、丝绸、茶叶等运往西方。到了近代，欧洲殖民者更是通过这里运走了大量的香料、财宝。如今这里虽然没有往日那么繁华，但依然是东西方石油运输的重要通道，继续扮演着重要的角色。

TIPS!马来西亚!

1 办理签证申请

中国公民赴马来西亚观光旅游可以参加旅行社的团体旅游，也可以选择自由行。马来西亚旅游签证申请手续简单，非常便利，团体旅游签证可委托旅行社办理，个人旅游签证具体办理手续如下：

个别观光签证申请（个人游）	
申请资格	目前，只要有足够的经济能力进行家庭旅行或者个人旅行者，都可以申请个别观光签证。
所需证件	1. 至少留有两页空白签证页，剩余有效期超过6个月的个人护照； 2. 2寸个人彩色近期证件照1张； 3. 在签证处柜台领取签证申请表以及申请登记表各一张，现场填写并粘贴照片； 4.能力证明材料（最近6个月内的信用卡账单、能确认最近6个月内存取款情况的存折复印件、车辆或房产的所有证明、银行存款证明、收入证明、纳税证明中的任意1项）； 5.暂住证原件及复印件（户口所在地不属于申请签证的领事馆管辖范围的）。
马来西亚驻中国使馆一览	1.马来西亚驻北京大使馆：北京市朝阳区三里屯亮马桥北街2号，电话：010-65322531,010-65322532； 2.马来西亚驻上海总领馆：上海市长宁区红宝石路500号东银大厦B栋9层01、04室，电话：021-60900360； 3.马来西亚驻广州总领事馆：广州市天河北路233号中心广场商业大楼19楼15-18室，电话：020-87395660； 4.马来西亚驻昆明总领事馆：昆明市东风东路29号樱花酒店401-405室，电话：0871-3115503。
所需费用	80元人民币
领取证件	申请受理后，按照回执上标明的取证日期到指定部门领取证件。领取时应携带本人户口簿、居民身份证和回执，并在交付证件(签注)费用后取证。取证后一定要认真核对证件及签注的各项内容，防止出现差错。
注意事项	如果持有中国至第三国签证的游客需要通过马来西亚机场转机，则无需申请马来西亚签证。

*上述介绍仅供参考，具体申请手续以当地有关部门公布的规定为准。

2 出入境须知

中国游客赴马来西亚观光旅行出入境时一定要据实申报所携带行李物品，不得走私、漏税、携带违禁物品或超过限量。中国海关规定每名出国游客最高可随身携带等值5000美元的现金，如果随身携带摄像机和变焦照相机也必须依照海关规定申报。

根据国际惯例，马来西亚的边检部门有权审查进入该国境内的旅客，如拒绝旅客入境也不需说明理由。中国游客如果在马来西亚入境时受阻，可选择向机场边防如实说明入境或过境事由，了解受阻原因。如果语言不通可以要求对方提供翻译，在无法解决的时候可以联系中国驻马来西亚大使馆，但一定要注意不要在看不懂的文书上签字。

3 货币兑换

马来西亚货币单位为令吉（Ringgit Malaysia），一般简称为马币，人民币在马来西亚并非流通货币，但很多商店购物消费的时候会收取游客的人民币，在银行可以将人民币兑换成令吉。此外，中国银行的银联卡可以在马来西亚刷卡消费和支取现金，中国银联会直接将当地货币转换成人民币，并不收取货币转换费，非常方便。虽然国内银行发行的双币信用卡在马来西亚也可以刷卡消费，不过因为信用卡提取现金需要付息或手续费较高，建议游客在ATM机上取款的时候尽量采用银联的借记卡。

4 禁忌

马来西亚以伊斯兰教为主要宗教，在观光过程中游人需要注意该国的宗教禁忌，进入清真寺的时候必须脱鞋，衣着要整齐、端庄，穿有领子的衬衣，最好不要短打扮，更不要裸露上身。此外，马来西亚王宫并不对游客开放，但游客可在王宫前拍照或与卫兵合影，注意不要穿过于暴露的奇装异服或对王宫做出不敬的动作。

5 住宿

马来西亚很多酒店并不准备盥洗用具，游客最好自己携带牙刷、牙膏、拖鞋等卫生用品。酒店一般不供应开水，自来水不可以直接饮用。

6 通讯

马来西亚全国各地随处可以看到插卡投币通用的

公用电话，游客在便利店或杂货店都可买到面值3、5、10、30、50令吉的电话卡。马来西亚电信系统包含CDMA、GSM900、GSM1800频段，中国大陆的手机开通国际漫游功能后在马来西亚可以直接使用，在马来西亚拨打当地电话只需拨区号+电话号码即可，如果拨打国际长途回中国需要拨00+86+区号+电话号码。

7 电压

马来西亚电压为220V。

8 时差

中国与马来西亚没有时差。

9 小费

马来西亚有向服务人员支付小费的习惯，小费不仅是肯定对方的服务，也是当地服务人员的主要收入。如果觉得服务质量优良，可以适当付一些小费。

GO!马来西亚交通!

1 航空

马来西亚航空客运十分发达，其中吉隆坡国际机场是东南亚重要的航空枢纽之一，除了马来西亚航空公司提供飞越全球110条国际航线外，另外还有50多家国际航空公司飞抵马来西亚。从中国的北京、上海、广州、深圳等大城市都有直飞吉隆坡的航班，也可从新加坡乘每小时一班的穿梭航班方便前往。

2 铁路

马来西亚的火车种类较多，车内座位分为1、2、3等车票，其中1、2等车票需要对号入座，3等车票是不对号的硬座，夜行列车则有1、2等上下铺之分。马来西亚铁路主干线分为西海岸线和东海岸线两条，其中西海岸线是指从新马边境的新山到马泰边境的大平原，全长950公里的线路，是连结马来西亚首都吉隆坡、北海、怡保等大城市的交通大动脉，同时还是将曼谷和新加坡南北贯通的重要国际路线，沿线既有繁华的城镇、广阔的水田，又有橡胶园和热带丛林；东海岸线全长528公里，从金马士一直通到哥打巴鲁近郊的通坝，沿途观光景点不多，乘客多是当地人。

游人在马来西亚乘火车观光可选择购买马来西亚国营铁路面向外国旅客发行的旅客铁道通行证，凭证可以随意乘坐马来西亚的国营火车，面值分为55美元和120美元两种，有效期分别是10天和30天，但不可乘坐卧铺车。

速报！10大人气好玩旅游热地！

NO.1 国家石油公司双塔大楼

国家石油公司双塔大楼位于吉隆坡市中心美芝律，高88层，452米，一对一模一样的大厦并肩耸立，中间有栈桥相连，设计灵感来自于伊斯兰教教义。塔桥是大厦最为人称道的重要组成部分，它是位于41、42层之间的连接天桥，距离地面约有170米高，除了具备支撑稳定两栋大楼的用途，更是连接两栋大楼间的通道。太阳广场是双塔大楼底部的裙楼处，拥有各种各样的店铺，既有国际知名品牌的专卖店，也有当地品牌的旗舰店，还有各种时装店、珠宝行及免税店等。许多来双塔大楼参观的游客都会在这里购物。

NO.2 国家剧院

国家剧院的外形是依据槟榔叶设计的，是马来西亚最引以为豪的现代建筑之一，被誉为全球十大剧院之一。剧院内更是装备了最先进的表演设备，拥有顶级的声乐效果，可以容纳1500名观众。国家剧院里，各色人种云集，各地文化汇聚，歌剧以及各类演艺活动，包括舞蹈、戏剧和音乐剧表演等，时常会在这里举行。漫步在剧院里能够看到一场场令人震惊、叹为观止的华美演出，让人们沉浸在美妙世界中。

NO.3 云顶高原

云顶高原位于彭亨州西南吉保山脉中段东坡，这里的自然生态环境保护得很好，各种生活设施也极为便利，是东南亚最大的高原避暑地。海拔平均高度约为2000米，气候温和，十分适合人们度假休闲。高原景色壮丽，既有峰峦叠嶂的群山，也有林木葱茏的树海，空气清新，令人神往。山上的娱乐休闲设施也很齐全，有电动游乐设施、游泳池、室内体育馆、保龄球馆等。

NO.4 吉隆坡塔

吉隆坡塔是东南亚第一高塔，是世界十大高塔之一，同时也是这座大都市的地标性建筑之一。吉隆坡塔的外观借鉴了古老的伊斯兰文明，与清真寺的尖塔颇为相像。吉隆坡塔是电信、电视和电台使用的通讯塔，游客可以乘电梯来到吉隆坡塔顶部，将整个吉隆坡市景尽收眼底。

NO.5 极乐寺

极乐寺位于槟城乔治市近郊，是全马来西亚最大的华人佛寺。极乐寺以花岗岩依山而建，庭阁重重造就雄伟的气势。寺中最突出的建筑是白色的万佛宝塔，兼具了多个佛教大国的佛塔特点，宝塔共有7层，包含中国八宝型的底层、中段的泰式圆形建筑、顶端的缅甸式螺旋塔，塔内供奉了1000多尊镀金云石佛像，展现不同的姿态。极乐寺也是东南亚最大、最宏伟的佛寺之一。

NO.6 伊斯兰艺术博物馆

伊斯兰艺术博物馆是马来西亚最大的艺术展馆之一。这座博物馆造型简洁，外观纯白，建筑的各个细部以及内饰都充分体现了伊斯兰宗教色彩。入口门廊的立面上纯蓝色的瓷砖纹饰，可谓是点睛之笔。内堂设计十分流畅，采光明亮，且楼层挑高，能让人在十分轻松的环境中参观。博物馆展出来自世界各地的伊斯兰教文物与工艺品有6000多件。这些文物和收藏来自伊斯兰国家和非伊斯兰国家，分门别类地在各楼层展出，包括：陶器、瓷器、青铜器、钱币、地毯、服饰、家具、珠宝、各个年代的《古兰经》，以及世界知名的清真寺建筑物模型。

NO.7 乐浪岛海洋公园

乐浪岛被人们誉为马来西亚的“海洋之心”，岛屿周围被许多礁石点缀着。岛屿上覆盖着原始森林，有着婆娑的棕榈树，粉末似的洁白海滩。环绕在周围的蔚蓝色大海里拥有形状多样漂亮的珊瑚礁、五颜六色的热带鱼。乐浪岛因此成为渔夫、候鸟以及旅客们心中的人间天堂。2000年，郑秀文、任贤齐等主演的电影《夏日么么茶》把乐浪岛作为电影的外景地，很多情侣因为这部电影里展现的海洋美景和浪漫情怀慕名而来。

NO.8 西巴丹岛

西巴丹岛是世界顶级的潜水胜地之一。这是一座深海岛屿，面积约4万平方米，岛身直接从600米深的海底宛如定海针一般笔直伸出，一柱擎天，所以在西巴丹岛边缘只要多跨出一步，水深就会从3米一下子变成600米。从浅水至深水可以看到形状各异的珊瑚，各种海葵、海绵、珊瑚好像鲜花一样绽放，一万多条白鱼组成的鱼群从潜水者身边拂过。西巴丹岛迷人绚丽的水下世界吸引了无数来自世界各地的游客。

NO.9 刁曼岛

刁曼岛是由64个小岛组成的火山群岛中最大的一个，面积约760平方公里。这里素以美丽的珊瑚礁而出名，各种颜色、各种造型的珊瑚随处可见，漂亮的鹦鹉鱼、海葵鱼、蝴蝶鱼等更是畅游其间，让无数人神往。清澈湛蓝的海水环绕刁曼岛周围，岛上茂密浓郁的热带雨林中流淌着潺潺的泉水，三道瀑布非常壮观。关于刁曼岛还有许多动人的传说。

NO.10 巫鲁山国家公园

巫鲁山国家公园拥有全世界有名的天然石洞及全球罕见的石灰刀石林。当地人说："不逛长屋、不游巫鲁山，不算到了沙捞越。"巫鲁山国家公园因其石灰石、洞穴群和森林地带以及各种各样的植物生态而闻名。这里至今仍有60%的地区是从来没有人去过的，人们对那些地方的情况一无所知。已经探明的山洞中，景色优美的都已经被开发出来供游人游览了，如鹿洞、清水洞、内脏洞、风洞及沙捞越岩洞等。

速报！10大无料主题迷人之选！

NO.1 吉隆坡独立广场

独立广场占地面积广阔，是个绿草如茵的广场，而且极具历史价值。马来西亚国旗在100米高的旗杆上迎风飘扬。广场的草地上有一个扁圆形的黑色石标，上面醒目地刻着：1957年8月30日午夜英国国旗降下，马来西亚国旗首次升起的地点。广场周围留存的欧式建筑是马来西亚摆脱殖民统治的历史见证。

NO.2 吉隆坡火车站

吉隆坡火车站是马来西亚最大的火车站，同时还是世界上第一座伊斯兰风格的火车站。这座火车站是典型的摩尔风格建筑物，拱柱、圆顶、尖塔的特色，创造出拜占庭式的经典。整个车站的设计像一个四方的城堡，火车道在中间。两边有“城门”供火车进出，“城门”的设计很是精巧雅致。

NO.3 马来西亚王宫

马来西亚王宫是一座金顶、白墙的建筑，透着所有皇宫都一样的辉煌与庄严。这座宫殿不对外开放，但它高大的建筑令人赞叹不已，所以成为了极好的拍照背景物，那白色的墙壁和金色的圆顶都常在图片和照片中出现。马来西亚王宫的卫队每天都会举行换岗仪式，吸引了无数游客前来观看。

NO.4 荷兰广场

荷兰广场是马六甲最早也是最重要的广场，它因广场上的荷兰红屋而得名。来到广场，远远就能看到一片炫目的红，热情洋溢地燃烧着整个广场，明亮艳丽的红色，代表着马六甲的热情。广场面积不大，喷水池在广场中心，英式风格，造型雅致，名叫维多利亚女皇喷泉，是为纪念英国维多利亚女皇而建的。喷泉四周有几个精致的小型花园，它们的独特造型风格衬托着广场中心喷泉，构成一幅美丽的图画。

NO.5 鸡场街

鸡场街是马六甲的老街之一，至今已经有300多年的历史了。两侧的古董店铺众多，在全世界的收藏圈中都小有名气。这里经营店铺的大都是华人，商店里出售的古董物品和旧货，吸引着许多古董爱好者的目光。现在的鸡场街又是马六甲著名的商业街，酒吧、咖啡馆应有尽有，出售各种风味佳肴的餐厅也是随处可见。走在这里狭窄的街道间，在当地华人的平民生活中，感受浓浓中国元素的同时，那扑面而来的阵阵香气和橱窗内五颜六色的美食，让人垂涎三尺.。

NO.6 马六甲河

马六甲河发源于马来半岛的山区中，蜿蜒地从马六甲城市中穿过，流入马六甲海峡，也把城市分为了东西两块。马六甲有专门的游河路线，游人们在荷兰广场上船，来回往返，可以把这座城市的诸多景点尽收眼底。乘船赏景的时候自然少不了要经过那一座座造型各异的桥梁，它们是这座城市的重要组成部分，地保桥、陈金声桥、曾昆清桥都有着独特的风姿。马六甲河没有雄伟壮观的河道，但关于它的各种故事传说一直流传，它承载着昔日繁华的时光，和马六甲市一起获得了世界文化遗产的称号。

NO.7 马六甲苏丹王宫

马六甲王朝苏丹王宫现在是马六甲文化博物馆，可俯视马六甲河。王宫气势宏伟，建筑形式古朴典雅，是反映马来西亚光辉历史的最杰出的典范。王宫外亭台楼榭、喷泉花草、热带植物随处可见；王宫内雕梁画栋，金碧辉煌。王宫分为三层，内里一横一梁的雕饰都非常精巧。宫内收藏了1350件马六甲苏丹时期的古董，包括食具、珠宝、乐器、服饰、武器及工艺品等，分各厅室介绍了马六甲苏丹王朝的历史起源、政治制度、宗教制度、宫廷礼仪、婚姻习俗、生活风俗、对外交流等，系统地介绍了马六甲王朝的变迁发展。

NO.8 槟城战前房屋区

槟城战前房屋区现在是槟城的独特一景。本区拥有最多、最完整的槟城华人移民房屋，由于多建于“二战”前的20世纪二三十年代，所以又称战前房屋区。槟城俨然成为世界上少见的中国南方典型建筑的展示场，商家、庙宇、住宅、骑楼等，混合了20世纪初期中式与西式房屋的特色。漫步在街区内能够感受到浓郁的华夏风情，那独特的骑楼式房屋更是岭南建筑的象征之一。

NO.9 槟城大桥

槟城岛自古以来就与马来半岛隔海相望，直到修了这座槟城跨海大桥，才将两岸连接起来，结束了两地主要靠渡轮来往的历史。在大桥上既可以俯瞰波澜壮阔的海面景象，也能对比两岸的不同风光。每到夜幕降临的时候，大桥被灯光渲染得如同一条巨龙，金碧辉煌的色彩令人惊叹不已。

NO.10 京那巴登岸河

京那巴登岸河全长560多公里，马来西亚最大的野生生态流域——苏高区就在它的下游。

清晨或是傍晚时分，最让人觉得趣味盎然的就是乘坐小船沿着京那巴登岸河上游顺流而下，能看到一大群的动物聚集在岸边活动的场景，包括罕见的长鼻猴和拥有五彩缤纷颜色的热带鸟类，非常热闹，就好像动物世界举行盛大的年度晚会一般。

美食！10大人气魅力平民餐馆！

1 餐馆 新峰肉骨茶

新峰肉骨茶在吉隆坡华人区名声很好，味道、人气都享受盛名。新峰肉骨茶味道鲜甜浓郁，材料丰富，经过长时间熬制而成，美味令人垂涎。餐厅内部装饰如大排档一般，但光临的食客有不少是明星艺人。在吉隆坡，许多人早起之后都要喝上一碗香浓的肉骨茶。

2 餐馆 关姐厨房

关姐厨房主要将娘惹菜和马来菜相结合，经过精心研究及调味，烹饪出适合大众口味的菜肴，十分受大众欢迎。关姐厨房的招牌是三色饭套餐。三色饭主要由白色、黄色和粉红色的米饭组成，吃起来带有一股清香，口感上佳。米饭和菜都是放在香蕉叶上，除了米饭之外，还有一只大的炸鸡腿、水煮蛋、牛肉丝和虾。关姐厨房是一家非常有妈妈味道的餐厅。

餐馆

3 Precious Old China

餐厅老板是地地道道的华人，内部装饰也是中国风。在这里，可以边欣赏古董边吃娘惹菜，想象自己置身于过去的中国，别有一番滋味在心头。这里娘惹菜的口味经过了改良，但仍然保持着娘惹原味，不少菜肴用的是老板奶奶的秘方，背后还有一些小故事。比如这里的椰浆饭是蓝色的，原来是老板小时候奶奶为了让家里的小孩不忘记自己是华人，记得吃米饭，想出用当地的一种兰花汁给米饭染色，小孩子被鲜艳的颜色吸引，自然胃口大开。而这秘方也得以在餐厅推出。店里典型的娘惹菜“咖喱鱼头”“娘惹鸡”“本地色拉”也非常受欢迎。

餐厅的饮料和甜品也十分吸引人。招牌饮料“洛神花”红得通透的颜色第一眼就让人喜欢，味道酸酸甜甜，非常解暑。“椰浆榴莲冰激淋”用醇香的大马榴莲捣成泥，加一点点盐让甜味更突出，再放进冰箱冷藏几小时。拿出来吃时浇上新鲜的椰汁，几种味道完美地融合在一起，非常美味。

餐馆

4 Bijan

2004年，这家餐厅获得“马来西亚最佳餐厅”的称号，是新派马来菜餐厅的佼佼者。餐厅的环境力求自然，粗糙的水泥地板和水泥墙，配合现代时髦的灯饰、特别订制的深褐色桃木桌椅，以及马来特色的印花布艺，把原始、传统和摩登结合为一体，给人以精品餐厅的氛围。这里的菜品辣度恰到好处，最合爱吃辣的人的胃口。丁香、黄姜、八角等各种香料齐备，但又不至于用得太多而抢了食物的本味，比传统味道的马来菜更容易让人接受。Nasi Kerabu是马来人的传统食物，这里把它的口味稍作了改良，在香葱银芽和牛肉拌饭以外，配上香草酱鸡肉和烤大虾，还有一只咸鸭蛋“画龙点睛”，不很辣却也马来味道十足。这里的榴莲芝士蛋糕是独家制作的，只此一家。喜好榴莲的朋友，一定不要错过。

餐馆

5 Frangipani Restaurant & Bar

餐厅看上去好像是20世纪50年代的建筑，内里以红白为主调，二层是酒吧，一层是餐厅。这里是品味法国风味的好去处。走进餐厅，首先映入眼帘的是一个大水池，抬头便是玻璃制的天顶，可以看透夜幕星空，环境浪漫至极。从中央水池往上看，两层的白楼一览无余。主厨Chris用经典法国菜的烹饪手法，加一点点马来灵感作出无限变化。法式蜜味鸭腿采用秘制酱料和先煮后炸的烹调方法，不用长时间腌制，依旧带着烟熏香味。鸭腿肉外酥里嫩，一咬多汁。黑巧克力蛋糕配上开心果酱，有浓郁而细腻的口感，让减肥者也忍不住多吃两口。

餐馆

6 辣死阿妈餐厅

中文就是椰浆饭，“辣死阿妈”（Nasi Lemak）取了谐音，是典型的马来人早餐。基本的搭配必然有小鱼干、炸花生、鸡蛋、黄瓜、甜辣酱，要加料的话，可以选择咖喱鸡、超辣鲜鱿、牛肉等等。餐厅自制的参巴辣酱辣味十足，但拌在椰香白饭上却相得益彰，不抢滋味。坐在露天的风扇下吃得又热又辣，但仍忍不住把一整盘都吃下去！满头大汗中，又对“辣死阿妈”有了更深切的体会。

7 餐馆 Top Hat

白色的餐厅是由旧宅改建的，拥有一个种满绿树的大花园，外观非常优雅。玄关的白墙上悬挂着不少奖牌，曾连续5年荣获“马来西亚最佳餐厅”。餐厅以供应西餐为主，但每道菜均掺入了一点马来风味，形成近年很流行的“无国界融合菜肴”（Fusion Cuisine）。为保持新鲜感，餐厅每三个月换一次菜单，但由始至终都保留有招牌菜“Top Hat”。它是一道传统马来菜式，味道酸甜开胃，是很有特色的前菜。将薄薄的饼皮炸得金黄，变成一顶“小帽”，再盛上爽脆的白萝卜丝、红萝卜丝和时蔬。吃的时候蘸一点餐厅特制的酸辣汁，清新爽口。老板还会特别提醒，“Top Hat”一定要在上菜的5分钟内吃完，才能享受到最好滋味。

餐馆

8 和记鸡粒饭

和记鸡粒饭是马六甲味道比较正宗的鸡粒饭餐厅。鸡粒饭是由一个个搓成圆形的饭团组成，以鸡肉作为馅料，并搭配上各色小菜，十分美味。和记另一道招牌菜是白斩鸡，鸡肉口感很嫩，可以说是汁鲜肉美，令人赞不绝口。亚参汤和薏米水也都是不容错过的美味。

餐馆

9 亲切餐馆

亲切餐馆以出售味道正宗的南方娘惹菜而出名。来到这家餐馆首先看到的是两个写得中规中矩的楷体字——亲切。这家餐馆的饭菜以酸、甜、辣及刺激性味道为特点，招牌菜有口感上佳的亚参鱼、味道鲜美的鸭腿汤和椰浆菠萝虾等。这里的饭菜色香味俱全，各种菜肴令人食欲大开，并且回味无穷。

餐馆

10 泗里街益星号

益星号的碳烤面包是泗里街最具人气的美食。这家店的面包完全是手工碳烤的，里面还涂上了店家特制的咖椰酱。店家在秘制的酱里还加上了独特的配方，使得散发碳香味的面包更具美味，每吃一口都会觉得香溢口腔。

热地！购物瞎拼买平货10大潮流地！

热地

1 星光大道

星光大道（Jalan Bukit Bintang）是吉隆坡最著名的购物和时尚地带之一。这条街道上，消费层次不同的商场店铺林立。游客可以在 Pavilion、Lot 10、Star Hill 购买到高档的手表和时装，也可以在 Sungai Wang、BB Plaza、Lowyat Plaza 花费十几元购买到既时尚又实用的现代产品和让人眼花缭乱的彩色泰裙。这里豪华的五星级饭店、充满典雅气息的咖啡厅，还有热闹喧嚣的酒吧和迪厅等吸引了许多游人。

热地

2 金河广场

金河广场（Sungei Wang Plaza）上有很多品牌旗舰店，出售时装、运动装、鞋子、手提袋及手表等。这里是很多人逛街购物的首选之地，是当地年轻人聚集的购物集散地，十分热闹。每到周末和节假日，购物中心的门口都会举行展销活动或特卖会，还经常有演艺界的明星来此进行宣传造势活动。

3 热地 乐天广场

乐天广场的外观非常具有现代感，绿色的外墙给人新潮时尚的感觉。它的主要租户是伊势丹，从中档到高档的时装、鞋子、衣饰品、化妆品、家庭器具到运动装等应有尽有，能满足顾客的购物需求。外侧的露天咖啡馆则是感受人生百态的好地方。

4 热地 太阳广场

太阳广场是吉隆坡的高级购物商场，它位于双子楼底部的裙楼处，营业面积达 140 万平方米，主要是由日系的伊势丹百货和马来西亚当地的百胜百货共同组成。太阳广场里各种各样的店铺众多，既有国际知名品牌的专卖店，也有当地品牌的旗舰店。

热地

5 吉隆坡广场

吉隆坡广场是吉隆坡早期最繁华的购物广场之一，是老一代吉隆坡人的记忆见证。普通民众购物都会首选这里，既有国际知名品牌的专卖店，也有出售当地一线品牌的店铺，在美食街品尝各种风味佳肴也是不容错过的休闲活动。

热地

6 成功时代广场

成功时代广场是全马来西亚最大的购物中心之一。广场内有上千间的商店，还有餐厅、戏院、3D 电影院、室内游乐场及拥有 1200 间客房的五星级酒店，是一座结合购物、休闲、餐饮、娱乐等多功能于一体的大型购物中心。成功时代广场在吉隆坡可谓无人不知，无人不晓。

热地

7 幕提卡中央市场

幕提卡中央市场是金马伦高地上最吸引游客的购物市场之一，是游客的必到之地。游人们经常在幕提卡中央市场购买瓜果蔬菜和植物花卉，这里的农产品都是天然无公害的绿色食品。值得一提的是，幕提卡中央市场还能买到独特的水晶玉米，色泽晶莹剔透，宛若宝石，而且口感鲜嫩、营养丰富，是不可错过的美味。

热地

8 周三集市

周三集市原本是伊斯兰教徒进行集会和物品交换的地方，现在是亚罗士打著名的露天商业街。不少游客来到这里购买各种旅游纪念品和土特产品，当地居民更是把这里当做采购日常商品的好地方。集市中的小吃味道非常好，不可错过。

热地

9 春天购物广场

春天购物广场是沙捞越州规模最大，也最具现代化色彩的百货商场。购物广场有一家超级市场、一间书店和 150 多个品牌专卖店，一共二层楼的空间内共有营业面积 3.3 万平方米。吃穿住用行等各方面的商品琳琅满目、应有尽有，让人们应接不暇。除了购物，包括马来餐、娘惹餐、印尼餐和其他各个国家的特色饭菜都可以在这座广场设置的美食区品尝到。

10 热地 古晋市场

古晋市场是很多外地来的游客一定会去的购物地。市场内有出售各种纪念品和小手工艺品的摊位，菜贩子、上班族、游客等在市场内自由自在地穿行，构成一幅热闹非凡的民俗风情画。古晋市场内的物品琳琅满目、应有尽有，而且价格相宜，还可以杀价，因此成为游客选购旅游纪念品和当地市民买卖日常生活用品必去的地方。

特色伴手好礼带回家！

1 纪念品 锡制品

马来西亚是世界产锡大国，这里的锡制品是相当有价值的纪念物，而且品质也相当好。马来西亚锡制品是用 97% 的锡与锑、铜混合制成，主要产品有带把手的杯子、高脚杯、瓶饰、徽章、小雕像、咖啡壶、咖啡盘和烟灰缸等。

纪念品

2 巴迪布

巴迪布有着各式各样吸引人的设计和颜色，它是用蜡绘图或者用熔融的蜡作印记。巴迪布可以制作服装、桌布、窗帘、手提袋或帽子，是极佳的旅游纪念品。制作巴迪布要经过非常独特的工艺流程，先用蜡打底，然后染色、晾干、设计，再将布料煮沸，而且需一次又一次地重复这个过程。

纪念品

3 铜器

铜器大部分来自丁加奴州，那里是马来西亚铜制品的起源地，瓶饰、盘子和烛台是大家都喜爱的纪念品。

纪念品

4 马来西亚白咖啡

白咖啡是非常著名的马来西亚特产，约有 100 多年的历史。它是以特等咖啡豆、特级脱脂奶精为原料，采用中轻度低温烘培及特殊工艺精制而成。白咖啡保留原有的色泽及香味，颜色清淡柔和，甘醇芳香。淡淡的奶金黄色，味道纯正。白咖啡在制作过程中去除了咖啡碱及高温碳烤所产生的焦苦与酸涩，降低咖啡因含量及苦酸味，口感更爽滑，香味更浓郁。

纪念品

5 马来西亚蝴蝶

马来西亚的蝴蝶种类有几千种，吸引了来自世界各地的许许多多的游客。本地人将绚烂多彩的蝴蝶制成栩栩如生的标本和装饰物出售，成为马来西亚一大特产。

6 纪念品 风筝

马来西亚的风筝色彩多变，图案丰富，令人爱不释手。马来西亚航空也是以风筝图案为标志。很多游客购买马来西亚风筝作为室内装饰物，别有风情。

7 纪念品 香水

马来西亚是著名的兰花盛产地。当地产的“兰”系列香水，品质非常好，一点也不输法国香水，且价格比法国香水便宜得多，成为很多游客争相购买的旅游纪念品。

8 纪念品 黄金饰品

在吉隆坡购买黄金饰品是一个不错的选择。这里的黄金饰品纯度高，造型设计时尚，而且售价比较合理。最好到马来西亚观光协会推荐的指定商店购买，那里信誉可靠。

9 纪念品 娘惹食品

“娘惹”原本是指华人与马来人婚配的后代子裔，尤其是指女性，由她们烹饪的食品更是融合了双方的饮食特点。在马来西亚能吃到很多的娘惹菜，如甜酱猪蹄、煎猪肉片、竹笋炖猪肉等。喜食甜品的人也可以在娘惹食品中找到知音，由椰浆、香兰叶、糯米和糖精制而成的娘惹糕甜度适中，嚼劲十足。

10 纪念品 豆蔻膏

豆蔻膏是马来西亚特产，功能类似于中国的万金油和风油精。豆蔻膏由于奇特的功效而在东南亚及中国香港、台湾等地深受欢迎，是很多游客一定会购买的好礼。

马来西亚6日游!

清晨：到达吉隆坡

白天 吉隆坡独立广场+苏丹阿都沙末大楼+星光大道+伊斯兰艺术博物馆+国家石油公司双塔大楼

独立广场是马来西亚的国家广场，同时也是马来西亚国旗首次升起的地方，每年马来西亚各种庆祝活动都会在这里举行。结合了东西方建筑文化精髓的苏丹阿都沙末大楼气势雄伟，它是吉隆坡的象征之一，这幢有三个摩尔式铜圆顶的建筑最引人注目的就是其高40米的高大钟楼，外观酷似伦敦大本钟。吉隆坡星光大道汇集了众多大型商场和购物中心、酒店、餐厅、酒吧、露天咖啡座等，是逛街购物的绝佳去处。伊斯兰艺术博物馆是马来西亚最大的展馆之一，除了各种伊斯兰风格艺术作品外，游人还可欣赏博物馆内展示的泰姬陵、伊斯坦布尔清真寺等知名建筑的全景模型。国家石油公司双塔大楼高452米，是世界第八高的大楼，同时也是当今世界上最高的双塔楼，已成为吉隆坡的地标建筑。

DAY 2

白天 吉隆坡火车站+国家清真寺+马来西亚王宫+吉隆坡塔

建于1910年的吉隆坡火车站是马来西亚最负盛名的火车站，同时也是马来西亚的交通枢纽之一，其独特的造型仿佛一座清真寺般美轮美奂。作为现代伊斯兰建筑的经典，气势恢弘的国家清真寺是马来西亚最著名的宗教建筑，同时也是东南亚地区规模最大的清真寺。马来西亚王宫是各州苏丹担任国王时居住的地方，其前身曾经是一座富商的豪宅，每天卫兵换岗仪式都吸引了很多游人。吉隆坡塔高421米，是东南亚第一高塔，塔身外观华美，点缀着大量传统伊斯兰风格的建筑元素。

白天 马来西亚国家动物园+黑风洞+雪兰莪锡器展示馆

地处热带雨林的马来西亚国家动物园是该国最大的动物园，漫步在园区内可以看到大象、老虎、犀牛等来自世界各地的野生动物，此外还建有一座海洋馆和为儿童准备的游乐场，是全家假日出游的好去处。黑风洞是一个神秘莫测的世界，除了千奇百态的喀斯特地貌景观外，大量野生动物也是这里的一大特色，自古这里就是当地印度教徒的朝拜圣地。雪兰莪锡器展示馆于2004年开业，馆内展示有大量制作精美的锡制艺术品。

白天 沙巴水上清真寺+东姑阿都拉曼国家公园+基纳巴卢国家公园

沙巴州的水上清真寺位于一处人工盐水湖上，其白色的外观搭配上蓝色的圆顶，充满庄严圣洁的氛围，是当地最大的清真寺。东姑阿都拉曼国家公园由五座岛屿组成，其中公园主要设施位于第二大岛曼奴干岛上，柔软细腻的沙滩和马来西亚传统的高脚屋、美味的海鲜料理都吸引了很多游人光顾。以海拔4101米的基纳巴卢山为中心的基纳巴卢国家公园又名神山公园，是马来西亚六座最著名的自然公园之一。

白天 槟城康沃斯要塞+圣乔治教堂+小印度+丘公祠+水上人家

康沃斯要塞是现代槟城的起源地，其前身是欧洲殖民者修建的堡垒，现今只剩几座炮台保存完好。由在新加坡传教的英国公教教士们集资所建的圣乔治教堂建于1818年，是一幢外观典雅大方的典型近代英式建筑。印度裔民众聚居的槟城小印度区充满着浓郁的南印度风情，沿街林立的店铺出售各式各样印度特色的商品。丘公祠最初是槟城当地丘氏族人的祠堂，现今已经成为当地华人进行集会的场所，其宫殿式的外观典雅大方。由一间间向大海延伸的长方形船屋组成的水上人家是槟城的华人聚居地，其前身是19世纪福建移民建在海滩上的浮脚屋，现今已成为一处颇具特色的观光景点。

DAY 6

白天　马六甲荷兰广场+荷兰红屋+青云亭+圣保罗教堂+圣地亚哥城堡

为庆祝英女王维多利亚生日的荷兰广场建于1904年，是马六甲最重要的城市广场，除了广场正中醒目的英式喷泉外，荷兰广场还有荷兰红屋、基督教堂等知名景观，可欣赏到马六甲不同时代建筑营造的独特城市风光。荷兰红屋建于17世纪中期，是当时殖民地总督府所在地，这幢外观橘红色的建筑是马六甲最醒目的建筑，作为当地荷兰建筑的代表而吸引了无数游人瞩目，现今馆内则展示有不同时代的历史文物和东西方贸易商品。建于1673年的青云亭是为纪念郑和下西洋到访马六甲而建，是马来西亚历史最悠久的华人庙宇之一。圣保罗教堂是为纪念在东方传教时去世的天主教圣人方济各而建，是马来西亚乃至东南亚地区历史最悠久的教堂之一，现今还是无数虔诚信徒举行宗教活动的重要场所。圣地亚哥城堡历史悠久，其前身是葡萄牙人在东南亚修建的规模最大的军事要塞，现今呈现在游人面前的虽然只是断壁残垣，但依旧可以看出当年的宏伟规模。

起程踏上归途

MALAYSIA GUIDE

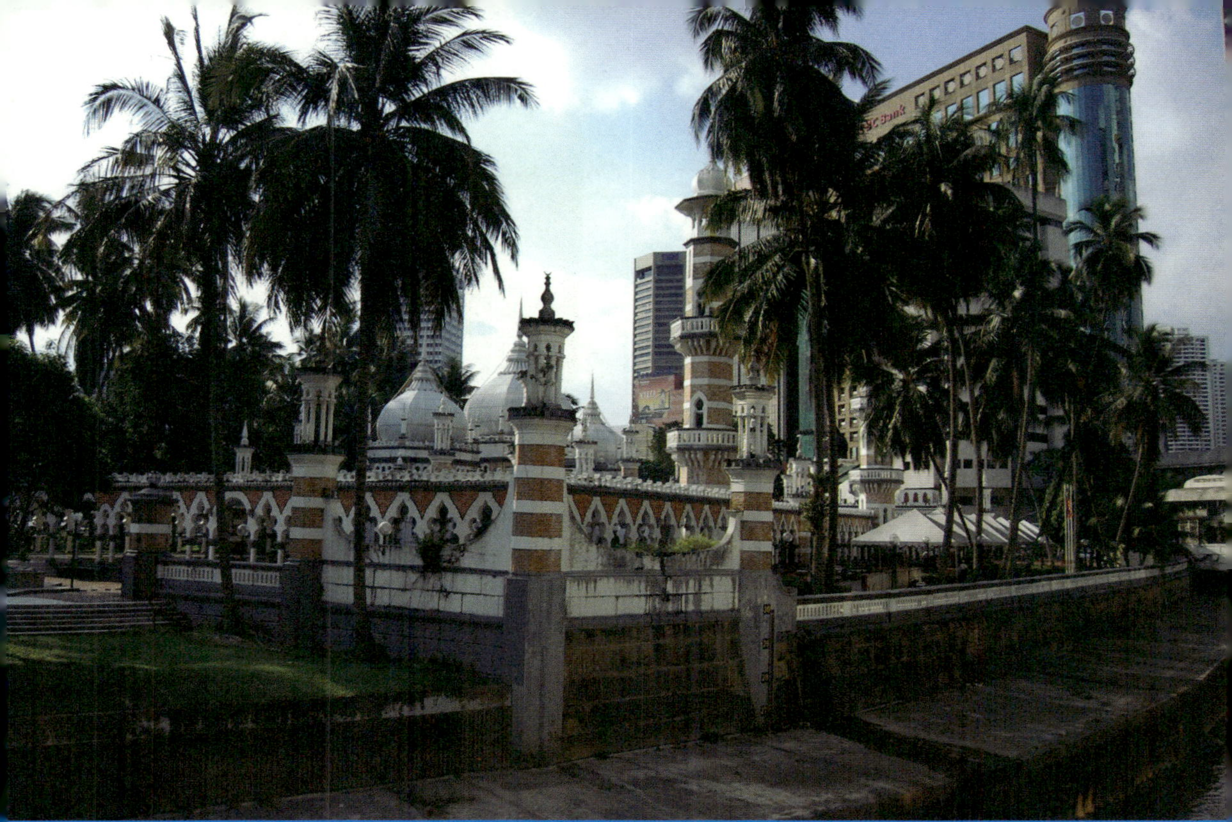

MALAYSIA

畅游马来西亚

1

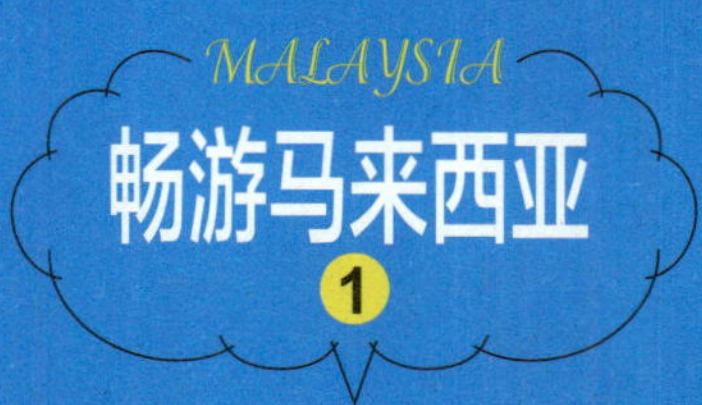

吉隆坡

吉隆坡是马来西亚的首都，也是该国最大的城市，它在马来语中的意思是“泥泞河口”。确实，最初人们来到这里的时候，它还是一处荒无人烟的地方。后来在这里发现了锡矿，吉隆坡逐渐从无到有，从小村发展成为现在的国际都市。如今的吉隆坡早已繁华似锦，城内各种高耸入云的摩天大楼比比皆是，尤其是位于市中心的高452米的双子塔更是世界最高的大楼之一。

01 国家石油公司双塔大楼

赏

全球最高的双塔大楼

建成于1997年的国家石油公司双塔大楼，曾经是世界最高的摩天大楼，至今仍是世界最高的双塔楼。双塔大楼坐落于 吉隆坡市中心，高452米，共88层，由美国建筑设计师西萨·佩里（Cesar Pelli）所设计。大楼非常壮观，就像两座高高的尖塔刺破长空，从吉隆坡市内各处都能很容易见到。它是吉隆坡的知名地标及象征。

Concourse Level, Petronas Twin Towers, Kuala Lumpur　603-20511320　乘轻轨在KLCC站下

★★★★★

双塔大楼其中一座为马来西亚国家石油公司办公用，另一座是出租的写字楼，两座主楼的40与41层之间有一座长58.4 米、距离地面170米高的天桥，这是世界上最高的过街天桥，站在这里可以俯瞰马来西亚最繁华的景象。整栋大楼的格 局采用传统回教建筑常见的几何造型，为四方形和圆形的组合体，大楼外观时尚亮丽，大量使用了不锈钢与玻璃等材质。双塔大楼里有全马来西亚最高档的商店，销售的都是品牌商品。大楼里还有石油博物馆、古典交响音乐厅，以及 多媒体会议中心、美食中心。

看点01 塔桥

离地170米高的天桥

塔桥是马来西亚国家石油公司双塔大楼的重要组成部分，它距离地面约有170米高，是来往于两楼之间的必经之路。这座塔桥采用了现代主义风格的建筑方式，底部的人字形支架让它看起来很像一座登天门，它与双塔的楼面共同构成极其优雅的剪影，独特的轮廓已经成为这座摩天大楼的象征。这座塔桥还是很多影视剧的外景拍摄地，来到这里的游客们会有似曾相识的感觉。

如果天气晴朗，上天桥俯瞰吉隆坡的秀丽风光是不错的选择，一定要很早去排队，每天名额有限。也可以选择晚间上楼，欣赏灯光璀璨的壮美夜景。

看点02 太阳广场

双子塔脚下的超大型商城

太阳广场是吉隆坡最大的商场之一，它位于双塔大楼底部的裙楼处，营业面积为140万平方米。这座巨型的购物中心人流量很大，有许多都是参观双子塔的游客。太阳广场里的店铺很多，既有国际知名品牌的专卖店，也有当地品牌的旗舰店，各种时装店、名设计师的时装屋、珠宝行及免税店也是应有尽有。

02 国家纺织博物馆

呈现民族纺织艺术

赏

吉隆坡国家纺织博物馆外观特别吸引人，建筑外墙红色和白色交相呼应，有一种和谐的美感，顶上温柔的圆顶又让它变得梦幻而朦胧。博物馆拥有300多样珍藏品，分4个展览厅来呈现民族纺织艺术。Pohon Budi展示厅追溯纺织品从史前时代至今的历史，以及纺织品随着贸易之路的发展；Pelangi展示厅展现了大马在多元种族的文化背景之下，呈现出缤纷亮丽、多姿多彩的纺织品特色；Ratna Sari展示厅展示了古时候各种各样的珠宝及装饰品，典藏了马来人、华人、印度人，甚至是原住民巧匠所制作的作品；Teluk Berantai展示厅则展示马来族传统手工纺织品。除了珍藏具有历史价值的纺织品外，博物馆也展示最新的潮流款式和设计样本。在这里，游客还能观赏到巴迪布布料的染制过程和各种传统面料的编织过程，是十分独特的体验。

TIPS

Muzium Tekstil Negara, 26 Jalan Sultan Hishamuddin, 50050 Kuala Lumpur 603-26943457 乘轻轨至Masjid Jamek站下，或乘观光巴士在第17站下车 ★★★★★ 免费

03 独立广场

马来西亚独立的象征

独立广场是马来西亚的国家广场，它的面积很大，原本是一个大型运动场，是马来西亚国旗第一次升起的地方。广场四周的建筑很多，它们的建造时代和风格各有不同，是拍照留念的好地方。每到马来西亚国庆节的时候，这里都会举行盛大的庆祝仪式，如果有机会参观的话，千万不要错过。广场的地下还有一个多功能商业区，那里是休闲饮食娱乐的好地方。

TIPS

Merdeka Square ★★★★

04 苏丹阿都沙末大楼

造型典雅的建筑

苏丹阿都沙末大楼是马来西亚的政府部门办公地之一，该国的最高法院等机构就在这里，它气势雄伟，又融合了东西方建筑的特色，是吉隆坡的象征之一。走近大楼，首先看到的就是那个酷似伦敦大本钟的高大钟楼，主楼的窗户全是华丽的莫卧儿式，顶部的三个铜制圆顶则是摩尔风格的。

Bangunan Sultan Abdul Samad Jalan Raja Laut, 50350 Kuala Lumpur, Kuala Lumpur Wilayah Persekutuan 603-22678088 乘轻轨在Masjid Jamek站下 ★★★★★

05 国家剧院

马来西亚最著名的综合艺术表演中心

国家剧院是马来西亚最引以为豪的现代建筑之一，它的造型酷似槟榔叶，有着典雅大方的风范。这座剧院设施先进，拥有顶级的声乐效果，被誉为“全球十佳精美剧院之一”。来到剧院里能够看到一场场令人震撼、叹为观止的华美演出，让人们沉浸在美妙的艺术氛围中。国家剧院里各色人种云集，各地文化汇聚，歌剧、音乐剧、演唱会等艺术表演在这里都能欣赏到。无论是效果完美的剧场、豪华的装饰，还是精彩绝伦的现代表演；无论是奢华的演出服、壮观的音乐，还是令人震惊的特效，都会使每一位来宾带走一份难得的回忆。

TIPS

Istana Budaya, Jalan Tun Razak, Kuala Lumpur

603-40265555　乘4号巴士在国家剧院下

★★★★★

星光大道

灯光璀璨的繁华街道

乘轻轨在Bukit Bintang站下 

灯火通明的星光大道位于吉隆坡的市中心，是这座不夜城的象征之一，也是一条纸醉金迷的街道。这条街道上既有乐天广场、金河广场、吉隆坡广场这种大型购物中心，也有豪华的五星级饭店、充满典雅气息的咖啡厅，以及热闹喧嚣的酒吧和迪厅。游人们可以在街上的特色餐厅里大快朵颐马来西亚的风味美食，也能在露天咖啡馆里一边品尝香醇的咖啡，一边欣赏这里的繁华景象。这里还有各大国际知名品牌的连锁店，从星巴克到麦当劳、肯德基等应有尽有。值得注意的是星光大道两侧的小巷内，隐藏着许多独具特色的店铺，在那里可以购买到颇具特色的手工艺品和旅游纪念品。

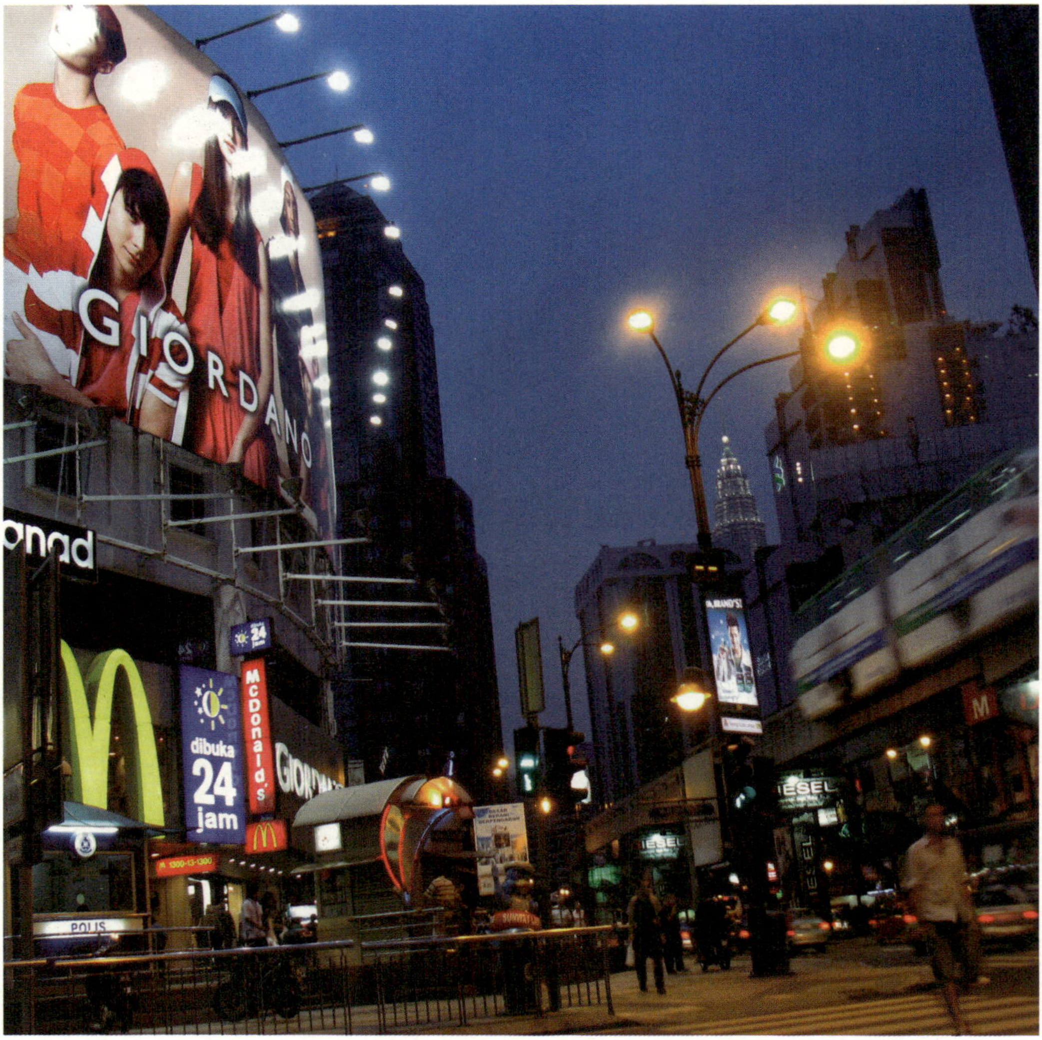

看点 01 金河广场

热闹喧嚣的广场

位于星光大道上的金河广场是吉隆坡最有人气的广场之一，不仅时尚青年常来这里，其他年龄段的顾客也能在这里购买到自己所需要的物品。购物中心里有着世界各地各类品牌的商店，许多在别的百货商店里看不到的商品，在这里都能找到。每到周末和节假日，购物中心的门口都会举行展销活动或特卖会，还经常有演艺界的明星来此进行宣传造势活动。

看点02

乐天广场

星光璀璨的大型广场

乐天广场是吉隆坡最受年轻人欢迎的大型购物中心，这里经常有演艺界的天王巨星进行各种宣传表演活动，因此常有打扮新潮的年轻一代在广场上流连忘返。这座购物中心的造型颇具现代感，绿色的外墙给人新潮时尚的感觉。来到这里的游客们可以购买到时下最流行的各种衣物和饰品，位于外侧的露天咖啡馆则是感受人生百态的好地方。

看点03 吉隆坡广场

历史悠久的大型购物中心

吉隆坡广场是吉隆坡最早出现的购物广场之一，它现在虽然没有了全盛时期的繁华场面，但仍然是一个集购物、休闲、餐饮、娱乐等项目于一体的综合型多功能的大型商业中心。这里是普通民众购物的好地方，既有国际知名品牌的专卖店，也有出售当地一线品牌的店铺，游客们还可以在这里的美食街品尝各种风味佳肴。

07 伊斯兰艺术博物馆

伊斯兰艺术品的收藏中心

伊斯兰艺术博物馆是马来西亚最大的艺术展馆之一，里面收藏着许多伊斯兰文明的艺术精品，令人过目难忘。这里最引人注目的是伊斯兰世界代表建筑的模型展区，陈列有伊斯坦布尔大清真寺、泰姬陵等建筑杰作的模型，给人以全面直观的感受。伊斯兰艺术博物馆里的展品众多，它们分门别类地陈列在一起，其中包括古代阿拉伯帝国发行的钱币、大名鼎鼎的波斯地毯、独特的伊斯兰服饰、精致的家具、巧夺天工的珠宝等物品。这座博物馆的外形极具现代风格，正门处的墙壁上则刻绘着典雅的伊斯兰式花纹，漫步在博物馆里还能品尝到各种风味佳肴，购买造型精美的纪念品。

TIPS

Jalan Lemban Perdana，Kuala Lumpur　603-20927070　乘2、35、348路巴士可到　★★★★★

08 默迪卡体育场

见证马来西亚独立时刻的体育场

TIPS

Jalan Stadium, 50150 Kuala Lumpur, Kuala Lumpur Wilayah Persekutuan 乘62、103、108、109、122路巴士可到 ★★★★★

默迪卡体育场修建于英国统治时期，是当时马来半岛最大的综合型体育场，可以进行各种田径和球类比赛，同时也是举行大型庆典和演唱会及文艺晚会的地方。这座体育场最为辉煌的时刻是1957年8月31日，该国第一任总理东姑阿都拉曼在此宣布马来亚联合邦独立。以现在的眼光来看默迪卡体育场，它并不显得如何出众，即使是在大修之后它也没有旁边的国家体育场雄伟壮观。

这座仅能容纳两万人的体育场，是中国足球的伤心地之一，1992、1996两届中国国奥队都是在此以0:3惨败给韩国队，从而无缘奥运会。

09 国家历史博物馆

赏

记录马来半岛历史的博物馆

国家历史博物馆是一座造型典雅的建筑物，它结合了维多利亚式和马来的传统建筑风格的特点，因而显得端庄大方。这座博物馆里收藏着马来半岛上最具代表性的文物，从几万年前的史前时代人类遗骨，到古马来人的独特墓葬，既有不同时代的王室所收藏的珍贵艺术品，也有普通马来民众所使用的生活器具。

Jalan Raja，Kuala Lumpur　603-26944590　乘轻轨在Masjid Jamek站下车　★★★★★

国家历史博物馆忠实记录了马来半岛的发展历史，从古老的氏族部落时代，到伊斯兰教的传入，其后还有西方殖民者的入侵和统治历史，最后则是马来西亚民族国家的建立，一段段历史详尽地展现在来访者面前。

10 杰姆清真寺

古朴典雅的伊斯兰建筑

TIPS

City Centre, 55100　乘Star或Putra轻轨到杰姆清真寺站下　★★★★

杰姆清真寺是吉隆坡著名的近代宗教建筑之一，它在秉承伊斯兰传统建筑风格的同时，又增添了马来西亚独有的建筑元素，并使之巧妙地融为一体，有着独特的建筑美感。漫步在清真寺能感受到宁静祥和的气息，与四周热闹喧嚣的都市氛围形成了鲜明的对比，高大的尖塔和精美的装饰又烘托出这里的不凡之处。

11 Pavilion KL

时尚现代的购物中心

Pavilion KL开业于2007年，是马来西亚最现代化的商业中心之一，它的营业面积有137万平方米，大小店铺共有450多家。这里的购物环境极为舒适，能够让游人体会到宾至如归的感觉。Pavilion KL共分为六大区域，其中包括极具新潮时尚感觉的概念设计区；潮流饰品和设计品牌区则是广受年轻人追捧的地方；家饰品区内出售各种家居生活用品。休闲区是供人休闲观光的地方，这里的设计匠心独具，阳光穿过天窗，能给人们带来柔和的感觉。

美食区汇集了马来半岛上的各种风味小吃，它们的味道令人垂涎三尺。这里还有深受女士欢迎的美容养生区。

TIPS

168Jalan Bukit，Bintang　603-21188833

乘轻轨在Bukit Bintang站下车　★★★

12 成功时代广场

买

人潮涌动的商业中心

成功时代广场是一个开业于2003年的大型商业中心，它集购物、休闲、餐饮、娱乐等多功能于一体，在吉隆坡可谓无人不知无人不晓。这座商场的装饰富丽堂皇，给人雍容华贵的感觉，非常雄伟华丽。成功时代广场里有着世界知名的化妆品、流行服饰、家具、家居装饰品店，音像制品也有专门的柜台销售。

这里还有游乐场等供孩子们玩耍的地方，Galaxy Station是青少年最喜欢去的地方。青年男女除了K歌之外，还可以到电影院里欣赏紧张刺激的大片。如果逛累了，还可以在商场的美食区品尝各地风味。

1 Jalan Imbi 55100 Kuala Lumpur，Malaysia 603-21449821 乘轻轨在Imbi station站下车 ★★★

13 亚罗街

吉隆坡最有名气的美食街之一

Alor Street　乘轻轨在Bukit Bintang站下车

★★★★

亚罗街是一条看似平凡无奇的街道，但每到黄昏之时，这里就逐渐变得热闹起来，喧嚣的氛围一直持续到深夜。这条不到100米的短街上汇聚了多家大排档，它们不仅广受游客的好评，当地人也经常在此聚会用餐。亚罗街上的许多饭店都是华人所开，因此都有中文菜单，会给来自中国的游客带来亲切感。这里最著名的饭店是黄亚华小吃店，他家的烤鸡翅是当地一绝，色香味俱全，吃过之后令人回味无穷。当然，奶油虾、炒海瓜子也是颇为不错的美食。来到亚罗街用餐，听着那觥筹交错的声音，不由得就会想起那首著名的歌曲《mamak档》，感受阿牛歌声中所蕴含的欢快节奏。

14 Starhill Gallery美食街

四方美食汇聚的地方

吃

Starhill Gallery美食街是Starhill Gallery广场的一部分，逛累了的游客们就可以在此一边休息，一边品尝来自世界各地的风味佳肴。漫步在街道上能够看到来自不同国度的美食，日式料理精巧细致，令人垂涎三尺；以披萨饼为代表的意大利美食，则别有一番风味；独特的印度尼西亚佳肴，极具海岛风情。Starhill Gallery美食街还有出售传统马来美食的店铺，马来餐和娘惹餐是这里的招牌美食。当然，这里还少不了扬名天下的中华美食，吃腻异域菜的游客们，可以在中国餐馆里品尝真正的中式餐饮。

TIPS

Feast Floor，Starhill Gallery,181 Jalan Bukit Bintang，Kuala Lumpur

603-21418973 乘轻轨在Bukit Bintang站下车 ★★★★

15 新峰肉骨茶

马来西亚的传统美食

吃

肉骨茶是马来西亚的传统美食，这家新峰肉骨茶是华人社区内最有名气的一家，曾经被选为马来西亚的20大“肉骨茶王”之一。新峰肉骨茶以猪骨、猪肉作为主料，然后加上川芎、甘草、当归等中药材，经过多道工序精心熬制而成，具有行气活血等功效。肉骨茶是马来西亚最为风靡的美食之一，许多人在早起之后都要喝上一碗香浓的肉骨茶。新峰肉骨茶还根据时代的发展，制作出了独特的肉骨茶包，既能满足现代上班族的需要，也可以当做礼物来馈赠亲友。

TIPS

35A38A，Medan Imbi，Kuala Lumpur　603-21414064　★★★★

16 关姐厨房

吉隆坡的大众美食

关姐厨房是吉隆坡的著名餐厅之一，深受当地人的欢迎，还有许多外国游客慕名而来。这家餐厅将马来西亚的两大传统美食马来菜和娘惹菜巧妙地结合为一体，做出人人称赞的大众美食。关姐厨房秉承着用心制作的传统，品尝过的人们都能体会到一种独有的温馨感觉，因而这里门庭若市，火爆不已，来此用餐的人们经常需要排队等候。关姐厨房的招牌是三色饭，它由三种颜色的米和香料混合而成，并搭配上独特的小菜，口感上佳。此外，这里的甜点也相当有名。

TIPS

Lot 1，16，Level 1，KL Pavilion，Kuala Lumpur 603-21432297 乘轻轨在Bukit Bintang站下车 ★★★★

17 吉隆坡火车站

伊斯兰风格的火车站

吉隆坡火车站是马来西亚最大的火车站，同时还是世界上第一座伊斯兰风格的火车站，是吉隆坡的名景之一。这座火车站是摩尔风格的建筑物，它酷似一座华丽的清真寺，却又不乏现代建筑的元素。吉隆坡火车站还有自己的附属展馆，这是介绍火车站建造过程的地方，展出了许多反映火车站变迁的图片和资料，乘客在等车的时候可以来这里参观。

TIPS

Stesen Sentral Kuala Lumpur Jalan Stesen Sentral, 50470 Kuala Lumpur, Kuala Lumpur Wilayah Persekutuan 乘2，35，348号巴士在吉隆坡火车站下

★★★★

18 国家清真寺

气势雄伟的现代宗教建筑

国家清真寺是马来西亚最大的清真寺，这是伊斯兰国家的民众信仰中心，许多重大的宗教仪式都是在这里举行的。这座建筑是现代伊斯兰建筑的杰出作品，它的主体建筑气势恢弘， 但也不乏精巧细致的装饰。清真寺内最引人注目的景点当属那座高达73米的尖塔，它酷似运载火箭，与附近的祈祷大厅交相辉映，形成独特的对比美感。

TIPS

Jalan Lembbah Perdana, 50480 Kuala Lumpur 603-26937784 乘5、7、46、46D号巴士在国家清真寺下 ★★★★★

19 国家博物馆

马来西亚的国家博物馆

赏

国家博物馆是马来西亚最好的博物馆，它是全景展示马来西亚国家历史文化和民俗风情的地方。这个博物馆虽然不大，但是展品众多，底层的入口处有两块巨型浮雕，分别介绍了马来半岛所经历的重大历史事件和当地知名手工艺品的制作过程。来到这里还可以看到不同时期马来西亚的发展状况，还有旧式火车头、老爷车等展物。

TIPS

Jabatan Muzium Malaysia, Jalan Damansara 50566 Kuala Lumpur, Federal Territory of Kuala Lumpur, Wilayah Persekutuan, 50566 603-22826255 2令吉

★★★★★

20 马来西亚王宫

马来西亚的国家王宫

马来西亚王宫是这个国家的王室宫殿，它的独特之处在于每五年就会更换一次主人。这座宫殿虽然不对外开放，但它那气势恢弘的造型仍令人赞叹不已，所以成为了极好的拍照背景物，白色的墙壁和金色的圆顶都常在图片和照片中出现。马来西亚王宫的卫队每天都会举行换岗仪式，吸引了无数游客前来观看。

TIPS

Jalan Syed Putra　乘5、7、46、46D号巴士在马来西亚王宫下　★★★★★

21 吉隆坡塔

吉隆坡的象征

吉隆坡塔是全球十大高塔之一，塔身的高度为421米，是这座大都市的现代象征之一，也是许多影视剧的拍摄背景地。这座高塔是现代工业文明的杰出产物，但在造型上却借鉴了古老的伊斯兰文明，它与清真寺的尖塔颇为相像。乘电梯来到吉隆坡塔顶部除了能俯瞰脚下的都市风光外，还能近距离欣赏国家石油公司双塔大楼的雄伟风姿。

TIPS

Menara Kuala Lumpur Jalan Puncak, 50250 Kuala Lumpur, Kuala Lumpur Wilayah Persekutuan 603-20205448 15令吉 乘60、66、25A、25C号巴士在吉隆坡塔下 ★★★★★

22 东盟雕塑公园

展示东盟各国风采的公园

东盟是亚洲最著名的区域性组织之一，作为创始国之一的马来西亚特意修建了一座公园，用于纪念这个组织的成立与发展壮大。这是一个景色秀美的公园，里面的热带林木婆娑，青草苍翠欲滴，百花盛开，争奇斗艳，清澈的溪水潺潺流动，给人以无限美好的感觉。东盟雕塑公园的独特之处在于这里拥有十个雕塑景区，每个景区代表着一个东盟的成员国。这里的雕塑都有着强烈的民族风格，游人们不用去看雕塑前方的铭牌就能猜出，这是代表哪一国的雕塑。在公园内漫步可以欣赏不同国家的艺术魅力，还能休闲、放松身心。

ASEAN Sculpture Garden, Persiaran Sultan Salahhudin, Taman Tasik Perdana, Kuala Lumpur 601-63337328 搭乘2、35、348路巴士可到 ★★★★

23 国家英雄纪念碑

纪念马来西亚内战的丰碑

国家英雄纪念碑是纪念马来西亚内战的纪念牌，它全高15.5米，是世界上最大的黄铜单体雕塑作品之一。这座纪念碑树立于1966年，是一座群像式雕塑，由雕塑家威尔顿所设计，在意大利铸造完成。国家英雄纪念碑的雕塑由7位军人的塑像组成，它们代表着在内战中牺牲的军人，塑像的造型栩栩如生，经常会有马来西亚的民众前来献花。

Located in Lake Gardens, Jalan Tugu off Jalan Parlimen, Kuala Lumpur 603-92354848 吉隆坡火车站出站可到 ★★★★

24 东姑阿都拉曼纪念馆

纪念马来西亚独立之父的地方

东姑阿都拉曼是马来西亚的民族英雄，他不仅带领人民走向独立，还是马来西亚的首任总理。这座纪念馆是由原来的总理府改辟而来的，因此看起来并没有雄伟壮观的感觉，反而有着悠然典雅的魅力。来到纪念馆首先看到的就是那辆停在门口的轿车，它曾是东姑阿都拉曼的专车。迈步来到馆内，可以看到众多的文字和图片资料，它们详细地讲述了这位马来伟人的不凡一生。纪念馆内还收藏了许多珍贵的历史文献，幻灯片剧场则是直观了解东姑阿都拉曼风采的地方。这里的多间房屋仍保留着东姑阿都拉曼在世时的陈设。

TIPS

Jalan Dato Onn，Kuala Lumpur　603-26947277

乘轻轨在Bangsar站下车　★★★★★

25 马来西亚大学植物园

林木荟萃的地方

马来西亚大学植物园是吉隆坡最大最好的植物园之一，它位于马来西亚大学校园之内，具有科研、科普、生态旅游等多种功能。这里面积广阔，占地约40公顷，种植着来自世界各地的花草树木，其中仅马来西亚的本土植物就有1500多种，包括野果树、姜树、兰花、柑橘树、露兜树和其他草本植物。

马来西亚大学植物园是进行科普研究的好地方，所以有着知识之林的美誉，在这里游玩的时候，经常会遇到在此上课学习的马来西亚大学的学生。漫步在植物园内，可以看到许多珍贵的热带林木，它们的造型往往给人一种光怪陆离的感觉。

University of Malaya, Universiti Malaya, 50603 Kuala Lumpur, Kuala Lumpur 603-79674686 ★★★★

26 蝴蝶公园

奇妙的蝴蝶世界

蝴蝶公园是吉隆坡著名的生态旅游公园，这里蝴蝶自由飞舞的世界，能够让人们与这种可爱的小精灵进行亲密接触。漫步在蝴蝶公园里可以看到形态各异的植物，它们构成了蝴蝶的生存环境。在这里除了能够欣赏到蝴蝶的优美舞姿外，还能前往标本室了解各种蝴蝶的不同之处，昆虫博物馆则是介绍各种昆虫生物的地方。

TIPS

Taman Tasik Perdana, Jalan Cendarasari, Kuala Lumpur, Wilayah Persekutuan, 50480 03-26934799 15令吉 ★★★★★

27 马里安曼印度庙

古朴典雅的印度教寺庙

马里安曼印度庙是吉隆坡最大的印度教寺庙之一，它有着古朴典雅的氛围，是著名的旅游景点。来到这里参观的人们会被寺庙的正门所吸引，大门上方的塔式建筑上布满了各种雕像，它们都取材于印度教神话，其造型精美无比，让人过目难忘。马里安曼印度庙里供奉的是马里安曼女神，各种珍贵的饰物将其装点得华丽非凡。

Jalan Tun H. S. Lee (Jalan Bandar), Kuala Lumpur, Wilayah Persekutuan, 50050

★★★★

28 吉隆坡唐人街 

充满中华韵味的街道

TIPS

Jalan Petaling 乘轻轨格那再也线到Parar Seni站步行3分钟可达

★★★★

吉隆坡唐人街又名茨厂街，是华人聚居的地方，因为马来西亚政府限制华人发展自己文化的缘故，所以这里也就成为吉隆坡少见的保存有浓郁华夏风情的地方。这条街道的历史可以追溯到“二战”之前，许多店铺都是颇有年头的老字号，而新兴的咖啡馆、酒吧、餐厅等设施也给古老的街道带来了崭新的活力。

漫步在唐人街上，可以看到许多具有中国风格的建筑，其中以雕梁画栋的陈氏书院最为精美，这家书院已经有了百年历史，是华人在马来西亚生存发展的见证，而造型独特的中华大会堂则是传统文化与当地马来文化相融合的结果。

29 马来西亚国家动物园 

马来西亚最大的动物园

马来西亚国家动物园占地17公顷，是该国最大的动物园，它的独特之处在于除了拥有传统的陆生动物园区外，还有一片展出着80多种海洋生物、给人带来无尽的遐思和幻想的大型海洋馆区。这座公园位于热带雨林之内，四周环境秀美，湖泊溪流分布其间，能给人一种心旷神怡的感觉。漫步在园区内可以看到来自世界各地的野生动物，既有威武的大象，也有凶猛的老虎，而袖珍的苏门答腊犀牛则有着憨态可掬的样貌。公园里还专门为少年儿童准备了游乐场，其中以小火车最受欢迎，这里还有专门的动物表演剧场。

TIPS

Hulu Kelang, 68000, Ampang, Selangor, 68000
603-41083422　15令吉　从Jln Melaka乘170路凌成汽车或177路凌旗汽车在动物园站下　★★★★

30 丹普乐公园

充满天然气息的公园

丹普乐公园是马来西亚最大的国家公园之一，它的独特之处在于这里拥有人类留下的痕迹，一直保持着远古流传下来的风貌。这里是感受大自然风光的好地方，青山绿水、花草树木是应有尽有，还有各种野生动物在此出没。漫步在园区内可以看到飞流直下的瀑布，它虽然没有惊人的气势，但却保持着难以言喻的野趣。潺潺的溪流在树林中穿行，里面还有可爱的鱼儿在游动。丹普乐公园里盛开着五颜六色的鲜花，因而吸引了各种各样的蝴蝶在此表演精美的舞姿，其中还包括多种珍稀品种。

TIPS

KM21 Jalan Rawang, Rawang, Selangor, 48000
603-60919617 富都汽车站21号站台乘66、72、77、83路汽车可到 ★★★★★

31 雪兰莪锡器展示馆

精美的锡器展览馆

雪兰莪锡器公司是一家创建于19世纪末的工艺品公司，因其出产的锡器造型精美，质量优良，所以被马来西亚苏丹授予“皇家”封号。这个展馆建于2004年，它是展示精美的锡器艺术品的地方。走入锡器展示馆，首先映入眼帘的是一座由锡杯堆叠而成的双子星塔，它共由7021只锡杯组成，高度为9.1米。这里还展出多种锡器产品和艺术品，其中包括精美的奖牌、奖杯、国际象棋棋子等工艺品，也有茶杯、茶壶、相框等日常用品。

雪兰莪锡器展示馆还有锡器制作表演，游客们可以看到传统的锡器生产全过程。

4 Jalan Usahawan Enam Setapak Jaya，Kuala Lumpur　603-41456000　乘轻轨在Setiawangsa站下车　★★★★★

32 瓜拉雪兰莪自然公园

玩

景色秀美的自然保护区

瓜拉雪兰莪自然公园是一个风景秀美的景区，这里植被茂密，野生动物众多，是著名的鸟类天堂。来到这里可以前往奇妙的红树林湿地景区参观，也能在碧波荡漾的湖面上行船，更可以在开阔的草地上自由奔跑。这里的鸟儿众多，总计有30多万只，它们的种类各有不同，观鸟台是鸟类爱好者们欣赏这些美丽小鸟的最佳地点。

Taman Alam Kuala Selangor, Jalan Klinik, Kuala Selangor, Selangor, 45000

03-32892294 ★★★★★

33 雪兰莪州博物馆

记录古老历史的博物馆

雪兰莪州博物馆是一座马来西亚传统风格建筑，是该国大型博物馆之一。来到博物馆可以了解到马来西亚的发展历史，这里有马来西亚第二古老的火车站巴生站的复制品，它是这个古老国家转向现代文明的象征之一。雪兰莪州博物馆里还收藏了许多源自越南东山地区的古老文物，与马来西亚同风格文物作为对比。

TIPS

Lembaga Muzium Selangor Persiaran Bandaraya, 40000 Shah Alam 03-55190050 ★★★★

34 黑风洞

独特的印度教圣地

黑风洞是位于吉隆坡北部的石灰岩溶洞群，那里除了拥有千奇百怪的喀斯特景观外，还有许多野生动物。这里的每个洞穴都有自己的独特景观，是一个神秘莫测的世界，遍布着蛇和蝙蝠等生物，终年不见阳光，颇有阴森恐怖之感；而光洞的顶部有一个小洞，阳光会从那里照射进来，给人们带来一丝温暖的感觉。这里自古以来就是当地印度教徒的朝拜圣地。

TIPS

Jalan Batu Caves MRR2, 68100 03-61858312 乘11D、52、349号巴士在黑风洞下 ★★★★

35 苏叶庙

吉隆坡最大的中国式寺庙

赏

吉隆坡的华人很多，但这里的华夏建筑却不是很多，即使建成了，也很难长期保存下来。这座建于19世纪末的寺庙，已是当地最为古老的中国式寺庙了。这座寺庙是一座传统的明清南方建筑，造型古朴典雅，又有着凝重大方的气势，雕梁画栋的殿堂上有着精美的飞檐斗拱。苏叶庙的香火旺盛，还经常举行各种典礼仪式。

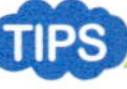

TIPS

JL Lorong Banda ★★★★

36 花沙山

马来西亚著名的度假胜地

赏

花沙山是吉保山脉的一段，它的海拔只有1500多米，交通便利，自然环境优越，是著名的度假胜地。这里的房屋大都是欧式风格，站在阳台上可以看到无边无际的碧空青山，让人心情舒畅。花沙山上野生动植物众多，如果游人运气好的话，可以看到罕见的罗布鲁克蝴蝶。

TIPS

49000 Bukit Fraser, Pahang, Pahang, 49000 09-5177111 吉隆坡乘巴士在花沙山下 ★★★★

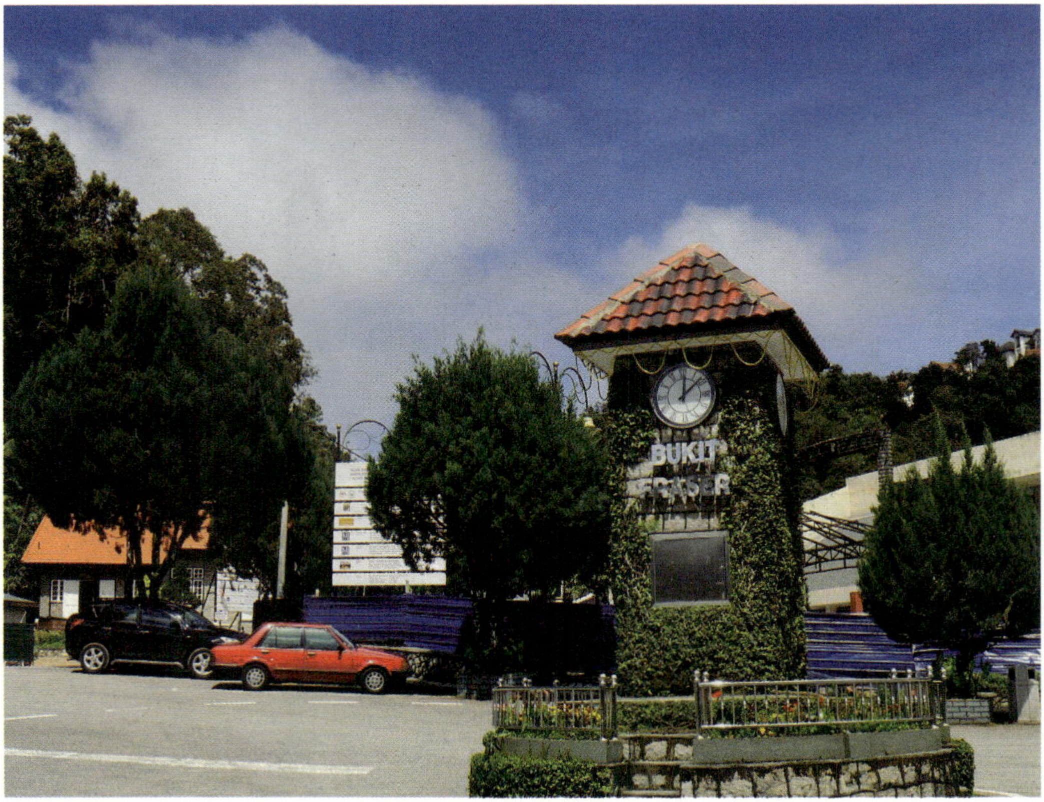

37 云顶高原

度假休闲的好去处

云顶高原是马来西亚著名的度假胜地，这里虽然距吉隆坡不远，但自然生态环境保护得很好，各种生活设施也极为便利，所以吸引了世界各地的游客来此休闲度假。这里的海拔平均高度约为2000米，气候温和，十分适合人们生活。高原的景色秀美，既有峰峦叠嶂的群山，也有林木葱茏的树海，空气清新，令人沉醉不已。

TIPS

Genting Highlands, Pahang Malaysia 

38 寺庙公园

都市中的原始森林公园

现代的都市是钢铁森林的世界，各种绿地树林都比较少见，更不要说充满天然风貌的原始森林了，而吉隆坡的寺庙公园就是一个拥有500多公顷的原始热带森林的广袤公园。来到这个公园里能够让人心胸开阔，把平日工作学习中积累的压力一扫而空。寺庙公园里除了拥有热带雨林景观外，还有奔腾不息的瀑布和碧波荡漾的河流。

TIPS

Persiaran Serai Wangi, Desa Alam, 40000 Shah Alam, Selangor

16-2718844 

MALAYSIA GUIDE

MALAYSIA

畅游马来西亚 2

马六甲

马六甲是马来西亚最古老的城市之一，早在15世纪初这里就已经是当时最重要的港口都市之一了。因先后被葡萄牙、荷兰、英国等国家占领，造成了如今马六甲各种风格的建筑并存的现状，正因如此，2008年，马六甲被列入世界遗产名录。

01 荷兰红屋

旧时荷兰殖民者的总督府

荷兰红屋建于17世纪中期，是当时的殖民地总督府，在马来西亚独立之后一度成为当地的市政厅，在20世纪末被改辟为博物馆。这座建筑是马六甲保存最为完好的荷兰式建筑，它的造型典雅大方，充满着绚丽的色彩。荷兰红屋因为其艳丽的橘红色墙壁而得名，是马六甲最为醒目的建筑。它的门前有宽阔的石阶和铸铁的锁链，室内则装饰着绚丽的图案和花纹。

这里现在展出着不同时代的历史文物，荷兰人、葡萄牙人、英国人的物品应有尽有，其中既有大航海时代的火绳枪与帆船模型，也有通过马六甲转港的东西方商品。

TIPS

The Stadthuys, Jalan Gereja, Bandar Hilir, 75000
5令吉 606-2841934 乘绿色Town Bus17 路公交车在红屋大钟楼站下车 ★★★★★

02 荷兰广场

马六甲的城市中心广场

TIPS

Jalan Gereja，Malacca 乘绿色Town Bus17路公交车在红屋大钟楼站下车 606-2822973 ★★★★

荷兰广场是马六甲最早也是最重要的广场，它是因这里的荷兰红屋而得名的。广场上最醒目的景点是位于中心处的英式喷泉，是为了庆祝英女王维多利亚的生日于1904年而建的。荷兰广场附近的建筑物景点众多，除了大名鼎鼎的荷兰红屋外，还有令人赞叹不已的基督教堂。这座教堂的墙壁是鲜艳的橘红色，一反传统教堂建筑那凝重阴暗的风格，有着欢快活泼的气息。教堂上方的钟楼是当地的名景，在过去曾是当地人确定时间的参照物。

漫步在广场上，可以欣赏到马六甲独特的城市风光，不同时代的建筑物在这里汇聚一堂，让人产生时空交错之感。

03 马六甲基督教堂

荷兰风格的教堂

马六甲原本是荷兰的殖民地，因此留下了众多荷兰风情的建筑，建于18世纪的马六甲基督教堂就是其中之一。这座教堂位于马六甲的市中心，是这座城市发展历程的见证者，也是古城的象征之一。这座教堂看似平凡无奇，但它的房梁全部是由未经修整的树木构成的，而且互不相连。教堂内还有很多精美的壁画供人欣赏。

T Jalan Gereja　606-2848804　★★★★

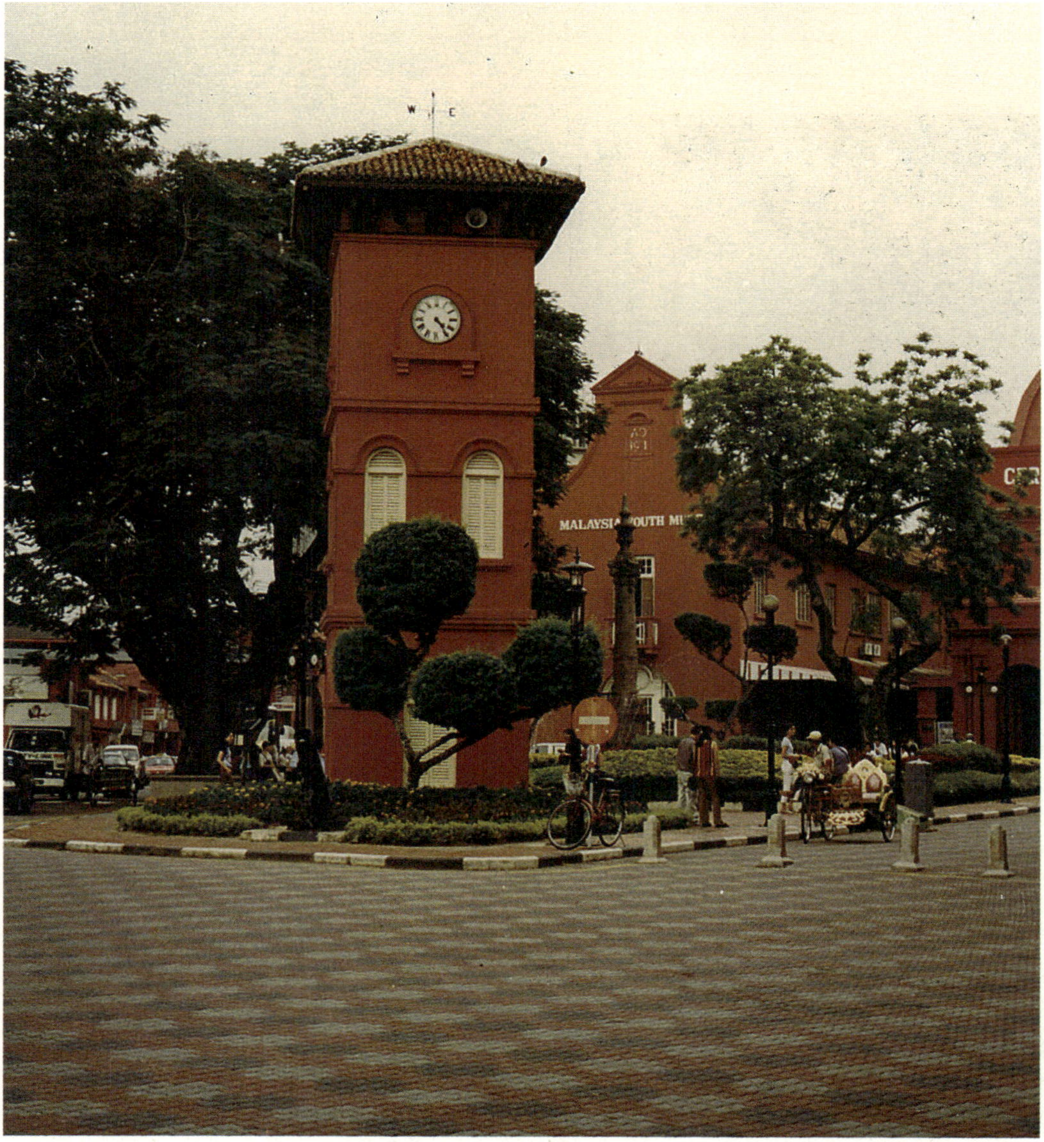

04 青云亭

马来西亚最古老的华人庙宇

赏

建于1673年的青云亭是马来西亚历史最悠久的华人庙宇之一，这座为纪念郑和下西洋到访马六甲而建的寺庙最初的修建材料都来自中国，现今呈现在游人面前的建筑则是2001年重建时用马来西亚楠木修建的。宏伟的寺庙采用中国闽南的建筑风格，庙内不仅有厚重的木门，在屋脊和屋檐还有很多中国神话人物、鸟兽、花的彩色琉璃瓦装饰。

Jalan Tokong 606-2829343 ★★★★

05 独立宣言纪念馆

纪念马来西亚独立的展馆

Jalan Parameswara 

独立宣言纪念馆建于1912年，它原本是当地的一个俱乐部，在马来西亚的独立过程中起过一定的作用，在马来西亚独立后，就被辟为纪念独立运动的博物馆了。这座博物馆里展出着很多具有历史意义的资料和物品，其中包括当时签订的各种国际条约、确认边界的地图，还有会谈纲要的影印本，是一个全景展示马来西亚独立过程的展馆。

06 甘榜吉宁清真寺

造型独特的清真寺

Masjid Kampung Kling 75350 606-2837416 乘公共汽车在Stesen Bas Ekspres Melaka站下 ★★★★

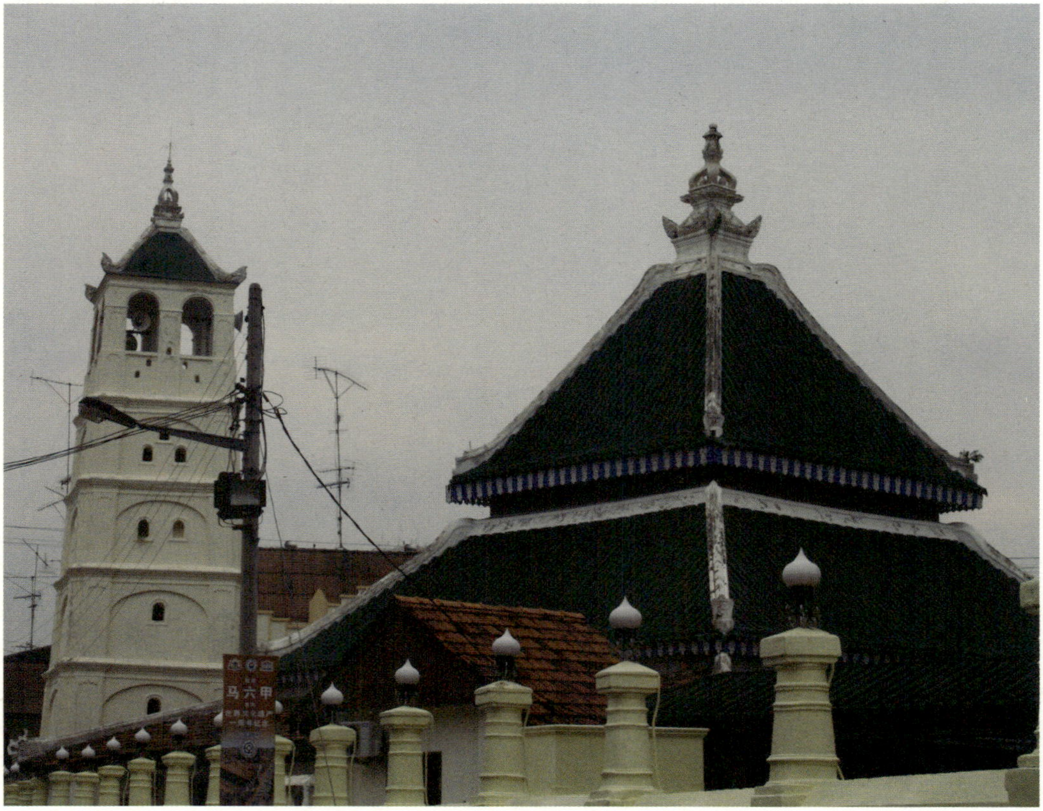

甘榜吉宁清真寺是一栋历史悠久的建筑物，它在保持清真寺传统伊斯兰风格的同时，又添加了其他建筑风格的元素，使之形成自己独有的建筑艺术魅力。这座建筑物造型独特，它的顶部是苏门答腊风格的金字塔型屋顶，厅堂内部则有古希腊风格的圆柱，房顶上还悬挂着枝形吊灯，那些精美的雕刻有着飘逸的风格，拥有鲜明的中国艺术色彩。

07 鸡场街

马六甲的古董街

鸡场街是马六甲的老街之一，因为两侧的古董店铺众多，所以在全世界的收藏圈中都小有名气。有趣的是在这里经营店铺的大都是华人，所以又被称为唐人街。那些出售古董物品和旧货的商店，吸引着古董爱好者的目光。

TIPS

Jalan Hang Jebat Street 和Jalan Tun Tan Cheng Lock之间 乘绿色Town Bus17路公交车在Jalan Hang Jebat站下车 ★★★★

现在的鸡场街又是马六甲著名的商业街，酒吧、咖啡馆应有尽有，出售各种风味佳肴的餐厅也让人颇为心动。这里在白天的时候摆满了各种摊铺，当地人和游客都会在此选购物品，讨价还价声不绝于耳。

08 马六甲河

马六甲的生命之河

马六甲河发源于马来半岛的山区中，在穿过马六甲的市区后流入著名的马六甲海峡。这条河流虽然没有雄伟壮观的河道，但却不乏各种故事传说，它承载着昔日繁华的时光，因而和马六甲市一起获得了世界文化遗产的称号。马六甲有专门的游河路线，游人们在荷兰广场上船，来回往返，可以把这座城市的诸多景点尽收眼底。乘船赏景的时候自然少不了要经过一座座造型各异的桥梁，它们是这座城市的重要组成部分，地保桥、陈金声桥、曾昆清桥都有着独特的风姿。沿河两岸除了古老的欧式建筑外，还有马来人特有的村屋景点，野外的湿地景色则让人赞叹不已。

TIPS

荷兰广场旁的游船码头乘船（游船需要乘满8人才会开船）

★★★★

09 马六甲苏丹王宫

古老的苏丹王宫

马六甲苏丹王宫是后人根据资料复原而来的古建筑，它是一座全木宫殿，没有使用铁制物品作为房屋的建筑材料。这座宫殿是传统的马来西亚式建筑，造型古朴典雅，有着鲜明的地域特色。漫步在王宫内可以看到各种精美的装饰品，这里附属的文化博物馆内展出着曾经统治这一地区的古王朝的各种资料，许多珍贵的物品则是当时王室成员的使用品与收藏品。

TIPS

Jalan Kota,Kompleks Warisan,Malacca,75000　2令吉　606-2826526　★★★★★

10 三保庙

赏

纪念郑和的古庙

TIPS

三保街　606-2829343　★★★★

三保庙建于18世纪末，它是纪念中国历史上最伟大的航海家郑和而建的，同时也是马六甲最大的中国式建筑。这座古庙沿用了明清建筑风格，造型典雅大方，雕梁画栋的装饰十分精美，值得注意的是，这座庙宇所使用的建筑材料都是从中国大陆运来的。来到三保庙首先映入眼帘的是两座威猛的石狮，相传它们有着避邪转运的能力，因此来到这里的游客都会摸摸它们的头顶。迈步来到院内，可以看到飞檐斗拱的殿堂，里面供奉着郑和像，两侧则是郑和副手们的群像。这里不仅是华人们拜祭先贤的庙宇，还是他们寄托思乡之情的地方。

汉丽宝井

三保庙外的古井

三保庙外有一口古井，相传它开挖于15世纪，与中国有着密不可分的关系。根据当地的传说，明朝初年，郑和曾护送一位名为汉丽宝的公主嫁与马六甲的国王，并在三保山上修建了一座宫殿，而公主的随从就在宫殿外挖掘了一口水井，作为宫殿的主要水源。这口古井虽然经历了几百年的风雨洗礼，至今仍冒出清澈的井水。

11 圣保罗山

俯瞰马六甲的小山

TIPS

Jalan Kota, Bandar Hilir, 75000 ★★★★

圣保罗山位于海边，它被认为是马六甲海峡的门户之一，山上一直建有要塞，担负着封锁海峡和保卫城市的任务。沿着山道前行，可以看到秀美的山林景色和各种奇石怪岩，到了山顶则可以看到由圣方济各教派的教士所建的圣保罗教会学校等景点。站在圣保罗山的山顶可以遥看一望无际的大海，也能将马六甲的繁华风光尽收眼底。

12 圣保罗教堂

历史悠久的教堂

圣保罗教堂是东南亚最为古老的教堂，它是纪念在东方传教时去世的天主教圣人方济各的地方。这里本是圣方济各教派所建的修道院，但现在只有这座露天教堂完好地保存了下来，同时代的其余建筑大都消逝得无影无踪。圣保罗教堂位于圣保罗山的山顶，这里常有虔诚的信徒进行祈祷等宗教活动，马六甲的许多宗教庆典仪式也是在这里举行的。

Gereja St. Paul Jalan Kota, 75000 

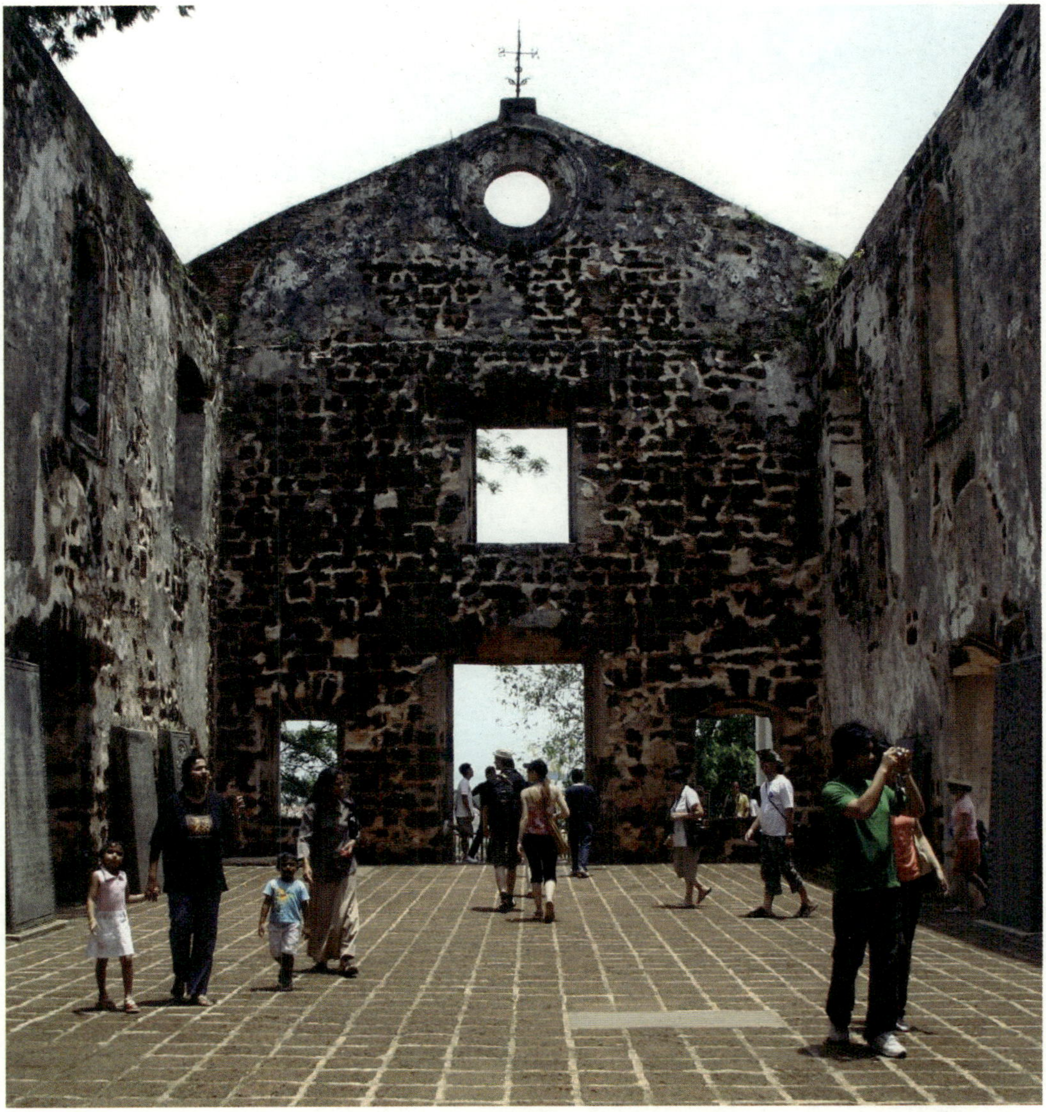

13 圣地亚哥城堡

葡萄牙人所建的要塞

赏

圣地亚哥城堡的历史悠久，它曾是葡萄牙人在东南亚最大的军事要塞，虽然在与荷兰人的战争中被摧毁，但残存的部分遗迹仍保留着当年的壮观气势。这里只有一座城门及其附件的部分城墙保存得较为完好，城门上的各种设施也一应俱全。有趣的是这里还有一座葡萄牙人修建的教堂，它倒是较为完好地保存下来了。

Jalan Kota, 75000 606-2314343 ★★★★★

14 郑和文化馆

纪念郑和下西洋的展馆

赏

郑和文化馆修建于2005年，是在郑和下西洋的六百周年，由新加坡和马来西亚的华人、华侨集资修建的。这个展馆的造型优雅，它位于郑和船队的官仓遗址处，有着独特的纪念意义。郑和文化馆内分为三大展区，共有13个主题厅，来到这里的游客可以看到郑和航海路线图，还有郑和船队所使用宝船的模型，它是当时世界上最大的海船。这里还有郑和船队的分布示意图，以及根据史书记载复原而来的船员生活情况的介绍。

TIPS

51，Lorong Hang Jebat Melaka　10令吉　606-2831135　★★★★★

郑和文化馆内的展品众多，除了文献和图片资料外，还有元代瓷器、侨民文化的展厅。

15 海事博物馆

马六甲最具吸引力的博物馆

海事博物馆是一座造型独特的博物馆，它的外形仿造自大航海时代的葡萄牙大型商船，是介绍马六甲航运历史的地方。漫步在博物馆内可以看到不同时代的航海器具，这里既有不同船只的模型，也有海船上使用的罗盘、六分仪等航海用具，而相当精确的古海图，则令后人赞叹不已，那些作为海运货物的珠宝、瓷器等物品是马六甲海运繁华景象的一个缩影。

TIPS

Taman Wan Show, 75100　2令吉　606-2830926

★★★★

16 峇峇娘惹民居博物馆

纪念早期华人移民的博物馆

峇峇娘惹是指马来人和华人通婚的后裔，位于Tun Tan Cheng Lock大街上的峇峇娘惹民居博物馆就是一幢三代华裔居住的建筑，现今被改为纪念娘惹先人的博物馆。馆内收藏了大量从清代开始移居马来西亚的华人曾经使用过的物品，其中以全套的结婚礼服最受游人瞩目，是一幢记载了马来西亚华人开拓历史的博物馆。

Muzium Warisan Baba Dan Nyonya 50 Jalan Tun Tan Cheng Lock, 75200 606-2831273 乘公共汽车在Stesen Bas Ekspres Melaka站下 ★★★★

17 圣淘沙别墅

少见的马来风格别墅

圣淘沙别墅拥有百余年的历史，是马六甲地区马来式别墅中的佼佼者，所以被辟为博物馆，用以纪念这种少见的建筑形式。这座建筑的造型独特，精巧之处又让人赞叹不已，各种装饰也让人啧啧称奇。漫步在博物馆内可以看到许多马来民族所使用过的物品，从生活用具到刀剑步枪，它们都是被人用过的实物。

TIPS

Villa Sentosa 138 Jalan Kampung Morten, 75300 606-2823988 乘公共汽车在Stesen Bas Ekspres Melaka站下 ★★★★

18 富礼客栈

位于马来古屋内的旅馆

🏠118，Jalan Tun Tan Cheng Lock ☎606-2825588

★★★

马六甲有很多古屋，为了增添经营特色，许多旅馆就设置在老屋内，富礼客栈就是其中比较知名的一家。这家旅馆所在房屋建于1822年，迄今已有近200年的历史，但它保养得很好，一点没有古旧的气息。富礼客栈保持着原有的旧式格局，但在装饰上做到古今结合，将东西方的文化巧妙地融合在一起。旅馆内的房间众多，能够满足游客们的不同需要，而且价格也不贵。这座客栈充满淳朴气息，是一个感受马六甲旧时生活氛围的好地方，无论是长方形的布局，还是独特的天井，都会让人若有所思。

19 和记鸡粒饭

马六甲的特色小吃

鸡粒饭是由中国海南的名菜海南鸡饭演变而来的，如今已成为当地人生活中不可缺少的一部分。鸡粒饭在当地极为普及，和记鸡粒饭则是味道比较可口的一家，在当地颇有名气。和记鸡粒饭是由一个个搓成圆形的饭团组成，里面以鸡肉作为馅料，并搭配上各色小菜，味道十分可口。和记的招牌菜是白斩鸡，它的味道鲜美，令人赞不绝口，亚参汤和薏米水也都是不容错过的美味。

4、6、8，Jalan Hang Jebat，Melaka　606-2834751　★★★

20 亲切餐馆

马来风味的餐厅

吃

亲切餐馆是马六甲最有名气的饭店之一，它是以出售味道正宗的南方娘惹餐而出名的。娘惹餐是马来半岛上的传统美食，它根据地域的不同分为南北两个菜系，而亲切餐馆就是南方菜系的佼佼者之一。这家餐馆的饭菜以酸、甜、辣及刺激性味道为特点，招牌菜有口感上佳的亚参鱼、味道鲜美的鸭腿汤和椰浆菠萝虾等。这里的饭菜色香味俱全，各种菜肴令人食指大动，并且回味无穷。

TIPS

198-199，Taman Melaka Raya　606-2831966　★★★

21 葡萄牙村

葡萄牙人的聚居地

葡萄牙村是过去的葡萄牙殖民者后裔聚居的地方，因此具有浓郁的地中海风情，是当地的著名景观。漫步在这里的街道上，就仿佛置身于伊比利亚的小城之中，那些造型典雅的房屋和葡萄牙语的招牌成为了一道亮丽的风景线。来到葡萄牙村自然可以品尝美味的葡萄牙饭菜，海鲜披萨就是其中的招牌。

TIPS

Portuguese Square Jalan Dalbuquerque, 75050 606-2847493 ★★★★

MALAYSIA GUIDE

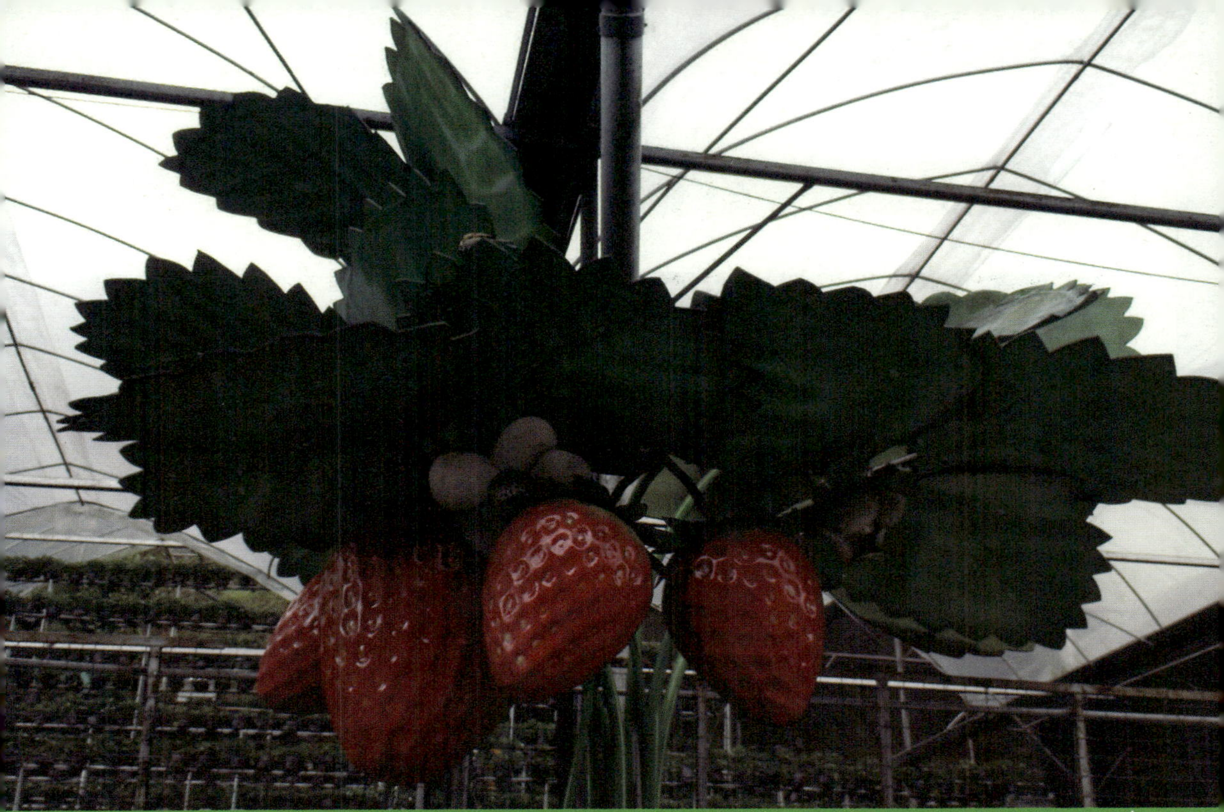

MALAYSIA

畅游马来西亚

3

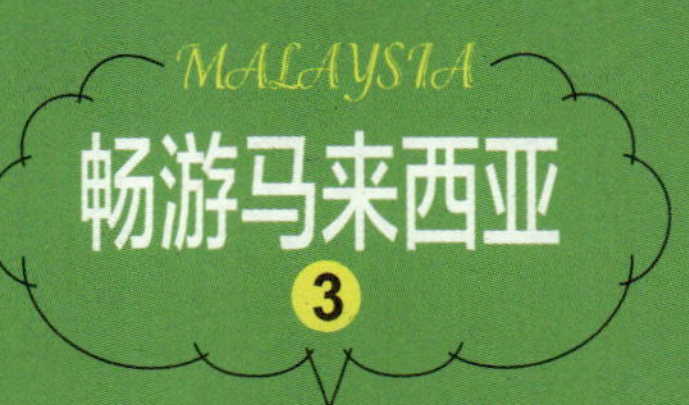

霹雳州

霹雳州是马来半岛诸州中的第二大州，霹雳在马来语中的意思是“银”，据说这里的鱼儿在水中游来游去，浑身的鳞片如银子般闪闪发亮，故而得名。邦咯岛是霹雳州最受人们欢迎的自然景点。

01 福临宫

邦咯岛上的古庙

福临宫是一座历史悠久的古庙，它的始建时间已经无法考证了，经过多年的改扩建，它已经成为当地第一大名寺。这座寺庙采用了中国传统建筑风格，雕梁画栋极为精美，大殿上方匾额上写着“福临宫”三个大字，位于最前方的左右两根廊柱上缠绕着一条神态威严的金龙。漫步在福临宫内可以看到一盏盏悬挂在屋檐上、房梁上的灯笼，它们也是这里的标志性景物。寺内还有一个巨大的鼓，据说拔过鼓上毛的人就会有好运降临。

TIPS

Foo Ling Kong Temple of Pulau Pangkor 乘当地粉红色面包车可到 ★★★★★

02 贝苏拉石刻

历史悠久的石刻

贝苏拉石刻的出现年代不详，原名为Batu Bersurat，有一种说法，它是当地民众用于表达对荷兰殖民者统治不满情绪的石刻图画。这个石刻的图案线条流畅，造型颇为写实。巨石上刻画着"老虎吃小孩"的图案，有所隐喻，图画的周围还刻着很多稀奇古怪的象形文字，据说是古马来人用的文字之一，现在已经无法猜测出上面写的是什么了。

TIPS

Batu Bersurat，Teluk Gedung ，Pulau Pangkor

乘当地粉红色面包车可到 ★★★

03 荷兰古堡

荷兰殖民者建造的城堡

荷兰古堡是邦咯岛上的著名古迹之一，它本是17世纪的荷兰殖民者控制霹雳州锡矿开采的贸易点。当地居民曾和他们进行了多次争夺战，因此于1745年被改建为一座坚固的城堡，可惜3年之后就被废弃不用。这座堡垒在20世纪70年代得到了一定修复，是岛上著名的历史遗迹。漫步在古堡内可以看到布满青苔的残垣断壁，依稀能让人感受到它昔日的风采。这里的广场上还有奇妙的花纹和图案供人欣赏。

TIPS

Dutch fort Teluk Gedung 乘当地粉红色面包车可到

★★★★

04 金马仑高地

景色秀美的度假胜地

金马仑是霹雳州的名景之一，海拔约为1500米，气候凉爽，景色秀美，是马来西亚著名的度假地之一。这个景区既有俊秀的山脉，也有遍布梯田的盆地，从上到下为浓郁的绿色所覆盖，令人心旷神怡，赞叹不已。金马仑高地区域内还有林列、丹那拉打、布林张等小镇，那里是人们体验马来风情的好地方，还可以品尝到用当地出产的新鲜蔬果制作出的风味佳肴。有兴趣的游客还可以前往草莓园、茶园亲自动手采摘果实。

BOH Tea Plantation 605-4962096 Tapah火车站乘巴士在Tanah Rata站下 ★★★★

05 三宝佛寺

古老的中国式佛寺

中国文化在东南亚的影响无处不在，三宝佛寺就是一个小小的证明，它位于霹雳州的Brinchang地区，是当地华人的信仰中心。这座佛寺建于19世纪中期，当时只是一个简朴的小木屋，等到了1945年新加坡的雪山法师入住此庙之后，才开始进行大规模改建，目前已经成为马来西亚第四大的佛教寺庙。寺庙里面雕梁画栋十分精美，供奉的是由珍贵的缅甸玉所打造的佛像。每年的5月份，这里还会举行盛大的佛事活动，也是当地的著名庆典。

Brinchang Tapah火车站乘巴士在Tanah Rata站下 ★★★★

06 罗伯森玫瑰花园

玫瑰花的海洋

罗伯森玫瑰花园是一个独特的植物景观区，这里种植着300多种玫瑰及其他花卉，是鲜花的海洋。这个花园的经营者是来自英国的罗伯森家族，故有此名。花园里的鲜花品种众多，既有高贵典雅的伊丽莎白女王玫瑰，也有散发着清淡香气的“阿罗哈”香水玫瑰，荷兰玫瑰的代表橙色玫瑰也是随处可见，园区内最引人注目的则是那株有着60多年树龄的玫瑰树。每到2月、10月鲜花盛开的时候，这里就会被五彩缤纷的花朵妆点得美轮美奂。

Rosehill 44th Mile，Tanah Rata，Cameron Highlands 605-4961636 ★★★★

07 仙人掌花园

奇妙的仙人掌景区

赏

Pekan Lame,39,100 Brinchang Cameron Highlands 605-4915640

4令吉 Tapah火车站乘巴士在Tanah Rata站下 ★★★★

金马仑高原有很多植物园区，仙人掌花园就是其中的佼佼者，它是以种植多种仙人掌科植物而出名的。漫步在园区里可以看到那些浑身长刺的仙人掌、仙人球等植物，它们中的许多株都有着高大的身形，令人啧啧称奇。来到仙人掌花园的游客还能看到海芋、天堂鸟、山茶花等观赏植物，奇妙的藤蔓植物也随处可见。游人在离开这里的时候还能带几盆花作为纪念。

08 Lata Iskandar瀑布

金马仑高原上的明珠

TIPS

Ringlet　Tapah火车站乘巴士在Tanah Rata站下

★★★★

Lata Iskandar瀑布是金马仑高原上的名景，它虽然没有雄伟壮观的气势，也没有各种传说轶事，但那秀美的风光会让人难以忘怀。这座瀑布所在悬崖并不高大，水流顺着坡壁飞奔到底部的水池中，溅起一朵朵浪花。有趣的是，瀑布底部的水池已经成为了一个天然游泳池，许多小的水流被人们当做按摩工具，因此颇受欢迎。漫步Lata Iskandar瀑布周围，还能看到茫茫的山林和独特的热带雨林景观。

09 幕提卡中央市场

金马仑的购物天堂

幕提卡中央市场是金马仑高地上最著名的市场之一，它是游人们购买瓜果蔬菜和植物花卉的好地方，因为这里的农产品都是天然无公害的绿色食品。漫步在市场里可以看到许多用当地出产物做出的美味佳肴，其中就有著名的草莓蛋糕、草莓冰淇淋、草莓果汁等，而草莓抱枕等有趣的手工艺品也让人爱不释手。在市场里还能买到独特的水晶玉米，不仅色泽晶莹剔透，而且口感上佳、营养丰富，是不可错过的美味。

TIPS

Brinchang 和Kea农场之间

★★★★

MALAYSIA GUIDE

MALAYSIA

畅游马来西亚

4

槟城

槟城由槟岛和威省两个部分组成，是一个和州的地位并列的区域，这是由槟城的历史所决定的。在这里可以看到英国的洋楼和教堂、中式的寺庙、马来式的清真寺和印度教的塑像等。特别是那一条条古街，更是将自己独特的文化展示给每一个人。

01 康沃斯要塞

欧洲殖民者的据点

康沃斯要塞是现代槟城的起源地，它本是欧洲殖民者在这片土地上的据点，后来在历史的岁月中逐渐消逝，只剩下部分遗迹供人观赏。这座要塞的大部分建筑早已消逝得无影无踪，只剩下几座炮台，上面的古炮倒是保存得相对完好。有趣的是，当地人将古炮视为吉祥物，认为如果孕妇接触古炮的话，会平安生产。

TIPS

Padang Kota Lama,Penang　604-2643494　3令吉　★★★★

02 圣乔治教堂

典雅大方的英式教堂

圣乔治教堂建于1818年，它是由在新加坡传教的英国公教教士们集资修建的，并动用了殖民地政府的大量人力与物力。这座教堂是典型的近代英式建筑，典雅大方的风格和庄严肃穆的造型被巧妙地糅合在一起。圣乔治教堂的外墙为白色，屋檐下的廊柱采用了科林斯式圆柱造型，显得精美无比。教堂前方的草坪上有一座纪念亭，它是纪念为槟城的建立做出巨大贡献的英国莱特上校的地方，他的墓园位于教堂的不远处。

Lebuh Masjid Kapitan Keling 

03 钟塔

造型典雅的白色钟塔

钟塔是一处有历史感的地标性建筑，它是由华裔富商谢增煜于1887年出资修建的，用于纪念英女王维多利亚登基60周年。这座钟塔虽然并不高大，但是造型典雅大方，并结合了多种建筑风格，主体部分为当时流行的维多利亚式，顶部则是独特的摩尔式圆顶，底部的装饰又有着中国色彩。这座钟塔在“二战”中因为炮击的缘故而导致地基有所松动，塔楼也有所倾斜，但肉眼分辨不出来，而且也不耽误它的正常使用。

TIPS

Padang kotaL，Penang ★★★★

04 马哈马里安庙

造型典雅的印度教寺庙

马哈马里安庙建于1833年，历经多次整修，是当地印度教徒的信仰中心，也是他们进行集会庆典的地方。这座庙宇并不高大，但是造型典雅，外墙为白色，正门的两侧各有一个神龛。马哈马里安庙最引人注目的地方是它那华美的屋檐雕像，一共有38尊小型塑像，它们造型精美、形态各异、栩栩如生，令人赞叹不已。走进寺庙可以看到造型典雅的马哈马里安女神雕像，两侧还有她的附属神像。

Lebuh Queen

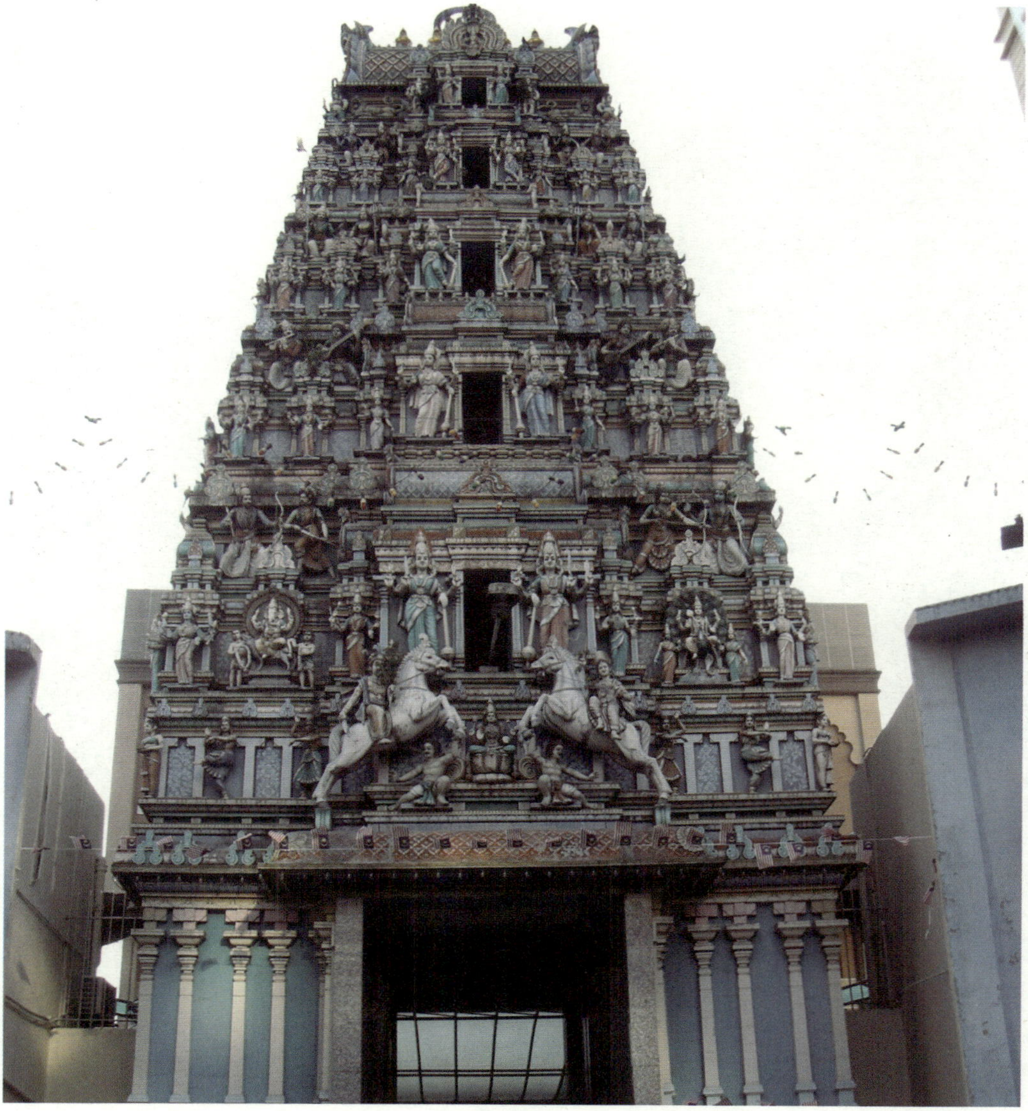

05 槟城小印度

印度风情的生活区

槟城小印度是当地印度裔民众聚居的地方，充满着浓郁的南印度风情，是小城的独特一景。这里店铺林立，出售的都是很有印度特色的商品，其中包括给女性增添秀美色彩的纱丽、香气扑鼻的香料、不同味道的咖喱等，各种新奇有趣的手工艺品也是应有尽有。这里最为独特的商品当属水果肥皂，拥有木瓜、榴莲、豆蔻等多个品种，令人颇感新奇。漫步在小印度街区内还能买到大名鼎鼎的宝莱坞歌舞电影光碟。

1Lebuh Pasarhe Lebuh Pantai之间 ★★★★

06 甲必丹武吉清真寺

槟城名景

建于1800年的甲必丹武吉清真寺是槟城伊斯兰教徒的信仰中心，也是该市最大的清真寺，是当地的地标式建筑。这座清真寺的造型优美，具有古朴典雅的韵味，它虽然没有巨大的圆顶，但高大的尖塔也很具有吸引力。来到这里参观的游客需要遵守伊斯兰教的规则，脱鞋后才能进入。

TIPS

Lebuh Acheh, Georgetown, Pulau Pinang ☎604-2643494 ★★★★

07 槟城观音寺

古老的佛教寺庙

赏

槟城观音寺建于19世纪初，它的历史虽然不长，却是全城华人的信仰中心，因而香火旺盛，有时候还会在这里举行各种庆典仪式。观音寺是典型的明清建筑，它的占地面积虽然不大，但有着凝重大方的气势。寺庙里供奉着一座高大的观音像，善男信女在烧香拜佛之余，还会求签占卜，希望获得好的回应。

TIPS

Lorong Stewart, 10200 槟城 ★★★★

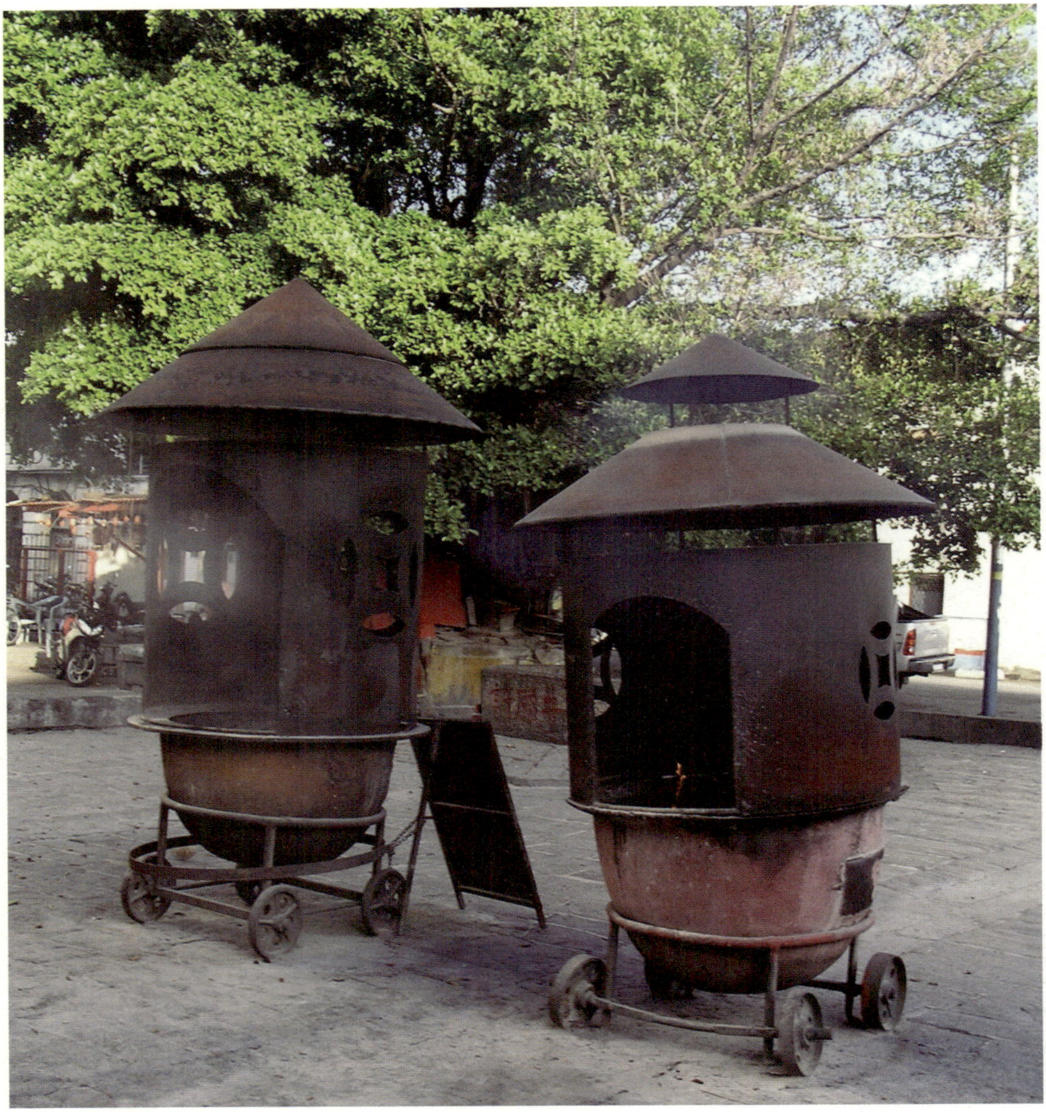

08 丘公祠

古老的中国祠堂

丘公祠是槟城的名景之一，它本是丘氏族人的祠堂，后来则成为当地中国人进行集会的场所。这座祠堂是典型的宫殿式建筑，虽然没有壮观的气势，但却有着典雅大方的美感。来到殿堂门前可以看到各种精美的装饰，尤其那些具有传统风格的人物雕塑，更是让人赞叹不已。丘公祠门前还有石狮雕像，虽然只有一只，但在造型上与中国国内没有区别。

18 Cannon Square, 10200 Penang, Malaysia, Pulau Pinang, 10200 604-2614609 5令吉 ★★★★

畅游马来西亚 槟城

09 孙中山革命基地

同盟会的革命基地

槟城在20世纪初是中国伟大的革命先行者孙中山避难和发展反清势力的地方，他当时的住所在城市的发展中消失不见了，现在只留下这座被改辟为博物馆的革命基地，供后人瞻仰。1910年11月，孙中山在这里召集会议，决定于第二年在广州发动反清起义，也就是著名的辛亥广州起义（黄花岗之役）。博物馆内的陈设古朴典雅，墙上挂着与此相关的文字和图片资料。这里还是大名鼎鼎的《光华日报》的出版地，它为同盟会革命事业的发展做出了很大贡献。

NO.120 L ebuh Armenian　604-2620123　3令吉　★★★★

10 阿晋街清真寺

赏

独特的埃及式清真寺

阿晋街清真寺是一座看似平淡无奇、普通的清真寺，但有着自己的独特之处。作为伊斯兰国家的马来西亚有很多清真寺，这座建于1808年的清真寺一反当时流行的摩尔风格，采用东方较为少见的埃及建筑方式，那座华美的八角形塔就是它的象征，主建筑的屋檐则是中国传统的燕子式。来到清真寺外，可以领略到这座清真寺的建筑风采。阿晋街清真寺建造的历史悠久，但不对外开放，非信徒只能在外围观看一番。

Lebuh Acheh ★★★★★

11 水上人家

独特的华人聚居地

水上人家是槟城的华人聚居地，它是由一间间向大海延伸的长方形船屋组成的，并根据主人的姓氏来命名。这些房屋最初是19世纪的福建贫穷移民聚居的地方，最开始是建在海滩上的浮脚屋，经过一百多年来的改扩建，形成了一处独特的建筑景观。这里的房屋底下是以防水木桩作为支撑，房屋并不高大，但极其坚固，而且通风性能良好。现在的水上人家还提供颇有特色的旅馆服务，有兴趣的游客可以在此住下，享受在波涛声陪伴下入眠的感觉。

TIPS

Pengkalan Weld

12 槟城战前房屋区

近代中国式建筑聚集的地方

槟城战前房屋区是该市的独特一景，也是该市老屋聚集的地方，大都是20世纪二三十年代由中国移民建造的，是马来西亚最大的华人居住区之一。漫步在街区内能够感受到浓郁的华夏风情，那独特的骑楼式房屋更是岭南建筑的象征之一。战前房屋区里店铺众多，游人们在这里可以购买到许多当地的手工艺品，只不过价格相对较贵。

TIPS

Jalan Magazine和J阿兰Gurdwara之间 

13 张发市公馆

华人富商的别墅

东南亚的华人众多，张发市就是其中的一位成功者，他在马来西亚奋斗多年，建立起了一个庞大的金融帝国，被誉为亚洲的“洛克菲勒”，这座公馆就是见证他传奇历史的地方。公馆造型精美，结合了东西方建筑的特色，装饰精美的阳台和镀金的三角楣等都是这里的特色。现在的张发市公馆是一座家庭旅馆，来到这里的游客不仅可以观看到精美的装饰，还能追思下这位风云人物。

TIPS

Georgetown, Pulau Pinang, Georgetown, Penang

604-2620006　从码头乘车5分钟在张发市公馆下

★★★★

14 槟城大桥

气势雄伟的跨海大桥

赏

机场向乔治城乘车可到 ★★★★

槟城岛自古以来就与马来半岛隔海相望，直到1985年才修建了这座跨海大桥，将两岸连为一体，结束了两地主要靠渡轮来往的历史。这座大桥全长为13500米，最高处距海面33米，在大桥上既可以俯瞰波澜壮阔的海面景象，也能对比两岸的不同风光。每到夜幕降临的时候，大桥被灯光渲染得如同一条巨龙，金碧辉煌的色彩令人惊叹不已。桥上川流不息的车辆仿佛是镶嵌在这里的一颗颗钻石，与天上的星辰交相辉映。

15 极乐寺

槟城第一名寺

赏

槟城极乐寺建于19世纪末，是马来西亚最著名的佛教寺庙之一，它气势雄伟，占地面积很大，香火极为旺盛。这座寺庙里最著名的建筑当属高大的万佛塔，它兼具了多个佛教大国的佛塔特点，令人颇有似曾相识之感。极乐寺里的景点众多，除了天王殿、大雄殿、藏经阁等殿堂外，放生池处还有着众多名家的题词。

Air Itam 604-8283317 2令吉 乔治城巴士总站乘1、91路巴士在终点站亚依站下 ★★★★

16 槟榔山

著名的度假胜地

海拔800多米高的槟榔山位于槟城的市郊，它是马来西亚著名的度假胜地，在英国殖民时期很受达官显贵的欢迎。游人们可以选择步行上山，欣赏山间的诸多美景，也能乘坐缆车上山，感受槟城的美好风情。站在槟榔山的山顶可以遥望远方的大海，也能俯瞰槟城的繁华风光，尤其到了夜晚，那绚丽夺目的景色，更令人难以忘怀。

Penang Hill 604-8299412 4令吉 黑水镇乘8路市内公共汽车在缆车上车处下 ★★★★

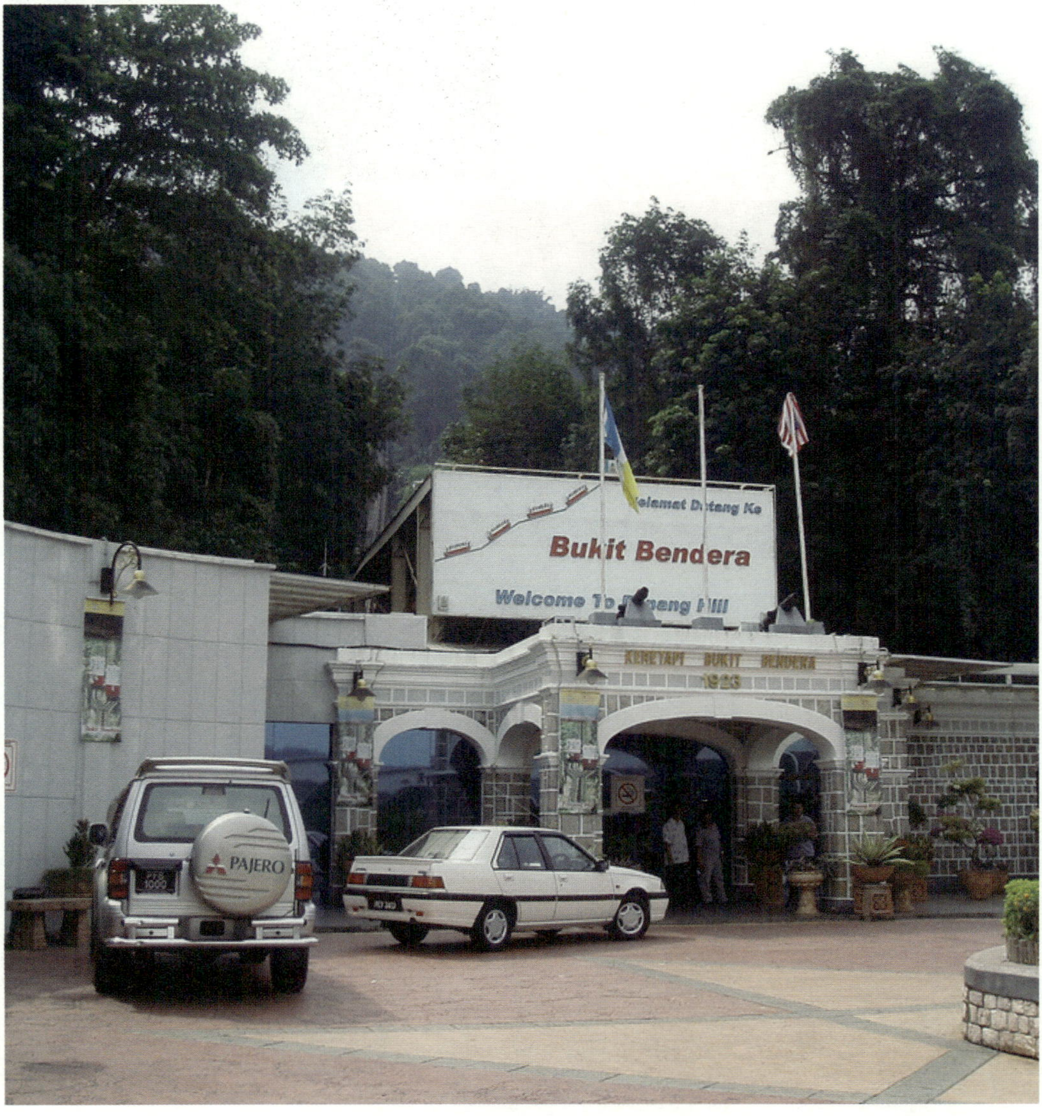

17 槟城蝴蝶园

蝴蝶飞舞的公园

槟城蝴蝶园是这个城市最具吸引力的主题乐园之一，它的名气不仅局限于当地，在整个马来西亚也算是第一流的。这个花园里收集了120多种、近4000只蝴蝶，其中有不少是珍稀品种，值得人们仔细欣赏。漫步在蝴蝶园里可以看到那些色彩斑斓的小精灵，它们精美的舞姿令人赞叹不已。这个公园里还有各种形状怪异的昆虫、蜥蜴等生物，而乌龟和蛇类出没的场所，则是该园的一大特色。

NO.830 Jalan Teluk Bahang Penang 604-8851253 RM20 ★★★★

18 槟榔屿博物馆

槟城最好的博物馆

槟榔屿博物馆是全面介绍槟城的博物馆，它原本是由英国建造的槟城大英义学，是典型的欧式建筑。漫步在博物馆内可以了解到槟城的方方面面，既有古代王国的收藏物，也有当地知名艺术家的作品，各种新奇有趣的民间艺术品也是不可缺少。槟榔屿博物馆虽然面积不大，却是了解槟城历史发展的好地方。

TIPS

Lebuh Farquhar, Georgetown, 10200 George Town, Penang 604-2643494 1令吉 ★★★★

19 泰禅寺

具有中国风格的佛教寺庙

泰禅寺是槟城著名的佛教圣地，它虽然是南传佛教建筑，却有着鲜明的中国文化特色，是当地最大的佛教寺庙。来到寺庙的山门处可以看到几条中国神龙的雕塑，它们的造型颇为精美。漫步在泰禅寺内可以看到那座东南亚第三长的卧佛像，它神态平静，给人以宁静祥和的感觉。寺庙里还有中国风格的壁画供人欣赏。

TIPS

Lorong Burma, 10250 George Town, Penang

604-2620202　乘MPPP巴士2号在泰禅寺站下

★★★★

20 邦各岛 玩

景色秀美的小岛

邦各岛位于槟城的外海，那里景点众多，不仅是当地人的度假胜地，也是马来西亚著名的旅游景区。小岛上提供出租自行车服务，游客可以一边骑车一边欣赏岛内的优美风光。海滩上既有热火朝天的沙滩排球比赛，也有安静地享受日光浴的游人，他们可以随时跳入清澈的海水中畅游一番。每到夏末，这里就会出现海龟排队产卵的独特景象，是不可错过的景观。

TIPS

Pankor island　吉隆坡乘飞机在邦各岛下　★★★★

21 查希尔清真寺

造型精美的清真寺

位于亚罗士打的查希尔清真寺始建于1912年，它是马来西亚最为精美的宗教建筑之一，在当地的信徒心中具有很高的地位。这座清真寺的造型简洁优美，有着典雅大方的风格，白色的墙壁上方是巨大的紫色圆顶，两者相得益彰，给人华贵却不奢靡的感觉。走进清真寺内部可以看到这里的秀美装饰，精致的长廊上弥漫着悠然宁静的感觉。如果身着前卫的游客前来参观的话，需要穿上清真寺内准备好的长袍。

TIPS

Lebuhraya Darul Aman, 05000 Alor Setar 604-7301322 ★★★★

22 周三市集

独具特色的伊斯兰式商业街

周三集市是亚罗士打著名的露天商业街，它原本是当地的伊斯兰教徒进行集会和物品交换的地方，后来才演变为一个常态经营的商业中心。这里不仅是游客们购买各种旅游纪念品和土特产的好去处，也是当地居民采购日常商品的地方。在周三集市不仅可以买到独特的伊斯兰风格服饰，还能买到吉打州各地的土特产，各种精巧有趣的手工艺品也是应有尽有。这座街市还是品尝当地风味小吃的好地方。

TIPS

Pekan Rabu Fasa 2, Jalan Tunku Ibrahim, 05000 Alor Setar　604-7335929　★★★★

23 马哈蒂尔纪念馆

介绍马来西亚一代伟人功绩的展馆

Jalan Seberang Peark 

马哈蒂尔前后出任马来西亚总理22年，他不仅是该国首位平民总理，还是带领这个国家走上飞速发展道路的重要人物，因此马国政府将他位于亚罗士打的出生地改辟为大型纪念馆，以表彰他的历史功绩。这座纪念馆内全面介绍了这位马来伟人的丰功伟绩，房屋内的陈设也是按照当年的模样复原的，给人以时光倒流的感觉。马哈蒂尔纪念馆内展出了很多珍贵的文字和图片资料，还有许多展现伟人风采的视频供人观看。

24 亚罗士打塔

高大的电视塔

TIPS

Menara Alor Setar 99 Lebuhraya Darul Aman, 05100 Alor Setar, Kedah

604-7202234

★★★★

亚罗士打塔的高度为165.5米，不仅是该城的制高点，在全世界诸多高塔中也是名列前茅的。这座高塔是亚罗士打的标志性景观，来到这里游玩的人们无论在城区的哪个地方，都能看到这座高塔的全貌。亚罗士打塔的顶部有一座旋转餐厅，游人在此不仅可以品尝各种美味的食物，还能俯瞰亚罗士打的繁华都市风光，并能远眺波澜壮阔的大海，将天地间的美好景色尽收眼底。到了夜晚华灯初上的时候，这里更具浪漫风情，点点星光与璀璨的灯光交织在一起，给人以如梦似幻的感觉。

25 西迪河主题公园

奇妙的原生态景区

西迪河主题公园是一个以原生态景观为特点的景区，来到这里的游客可以尽情体验热带森林所拥有的独特风貌。西迪河漂流是这里最受欢迎的游乐活动，游人们乘坐小船，在湍急的河流中漂浮前进，沿途不仅能够看到秀美的自然景观，还能看到世世代代生活在这里的居民。树冠吊桥则是另一处名景，它全长约950米，悬吊在半空之中，行走在上面摇摇欲坠，给人以惊险刺激的感觉。来到西迪河主题公园还能看到富有特色的民俗表演。

Kulim Kedah

26 布姜谷考古博物馆

赏

记录马来西亚古老历史的博物馆

布姜谷考古博物馆位于吉打州的双溪大年市，这里是马来半岛最为古老的文明遗迹的所在地，曾是赫赫有名的马来古国的重要城市。这个博物馆收藏了1000多件珍贵的文物，时间跨度从5世纪到14世纪，它们能够给参观者带来最直观的感受。漫步在博物馆内能够看到马来古国的相关文物，上到王公贵族佩戴的奢侈品，下到普通百姓使用的日常用品，都应有尽有，中国、中东等地的贸易商品和钱币在这里也能看到。

Sugai Petani，Kedah 604-4572005 

27 马莫河红树林

秀美的红树林景观

红树林区是地球上最为独特的自然景观之一，马莫河的红树林景区不仅是马来西亚最大最著名的红树林景区，其面积在全世界也是屈指可数的。来到这里的游人们乘坐古老渔船造型的扁舟前进，沿途能够看到各种奇妙的自然景观，并能观赏到落霞与千鸟齐飞、静水共长天一色的动人美景。红树林景区内还提供独木舟，有兴趣的游客可以尝试下独自前行的感觉。在这里还能品尝到当地独特的风味美食，并欣赏古老的捕鱼表演。

吉打州马莫港口 ★★★★

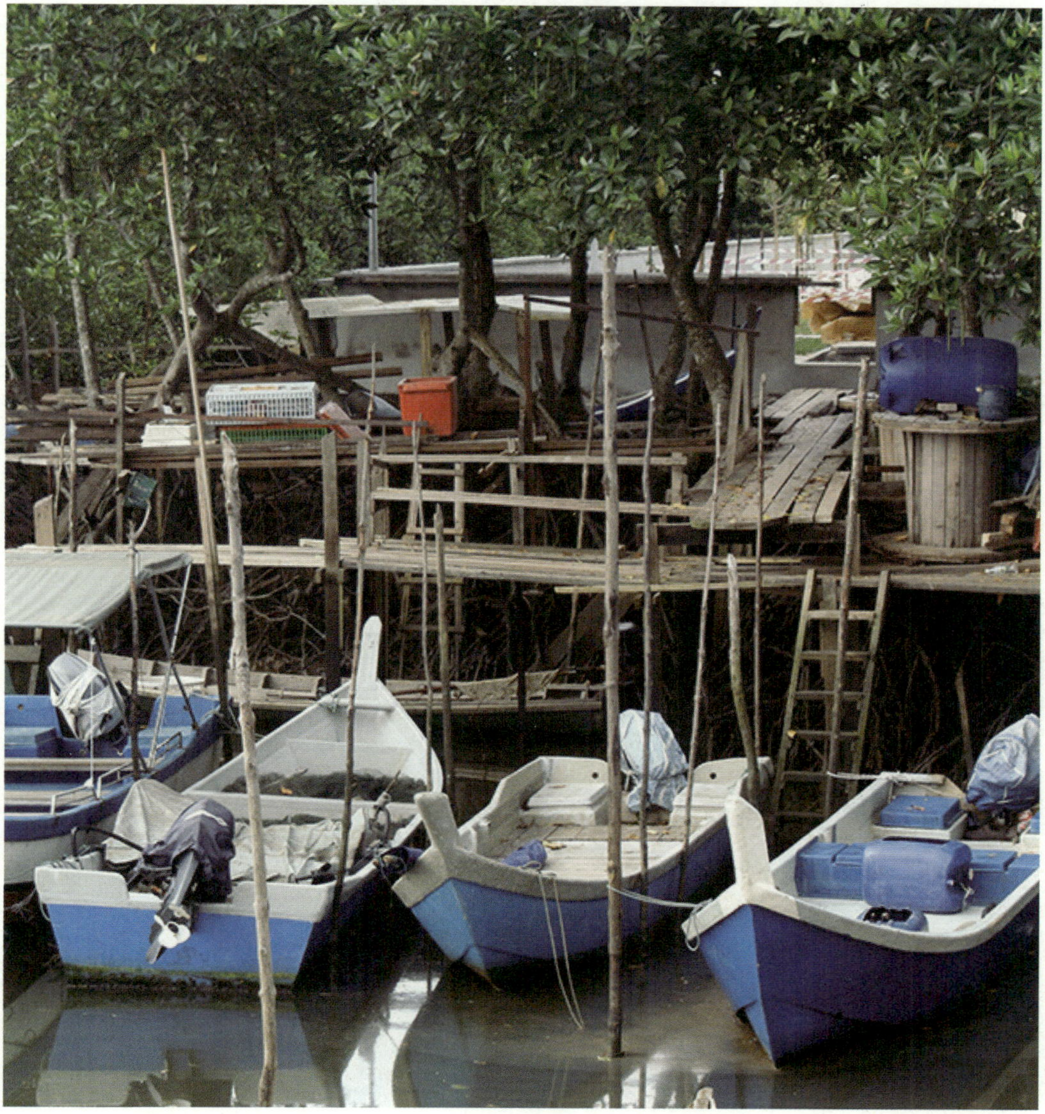

28 兰卡威老鹰广场

兰卡威最大的广场

TIPS

兰卡威码头旁 ★★★★

兰卡威老鹰广场是小岛上举行各种大型活动的地方，同时也是当地居民进行集会的场所。广场上最为醒目的标志是那只展翅翱翔的老鹰塑像，它的气势雄伟，全高为12.6米，双翅之间的距离则有21.6米，翅膀上的羽毛是由铜片组成的，会在太阳的照射下闪闪发光，它已经成为这座城市的象征。老鹰广场附近的建筑物众多，造型独特的市政厅就位于这里，周围还有出售纪念品和风味佳肴的商店。

29 芭椰岛海洋公园

景色秀美的海洋公园

TIPS

Pulau Payar 604-9667789 2令吉 ★★★★

芭椰岛海洋公园是马来西亚最著名的海洋公园之一，它位于景色秀美的芭椰岛上，除了能够欣赏到各种奇妙的海洋生物外，还能进行多种有趣的海滨娱乐活动。来到这里的游客可以潜入水中探寻神秘的海底世界，并与海洋生物做亲密接触，那些颜色鲜艳的镜子鱼、鹦鹉鱼等在水里自由穿梭。芭椰岛海洋公园还有露天烧烤区供人品尝美食，瞭望台则是游客们欣赏附近海域美景的地方，水上餐厅也是这里的另一个好去处。

30 总理展览馆

展示来自世界各国的纪念品的地方

兰卡威是马来西亚前总理马哈蒂尔退休后养老的地方，这座展览馆里展示了他就任总理22年中所收到的各国政府馈赠的礼品。总理展览馆造型典雅，混合了多种建筑风格，外形采用马来西亚的传统风格，内部装饰则是华丽的摩尔式。馆内的展品多达4000余件，每一件展品前都有详细的资料介绍它的来龙去脉，它们大都造型精美，这些纪念品承载的历史意义往往要高于物品的本身价值。

TIPS

位于小岛东北角的Jafan Air Hanget处　604-9591498　3令吉　★★★★

31 夏日王宫

《安娜与国王》的外景地

夏日王宫是电影《安娜与国王》的主要外景地之一，现在被开发成为一个旅游景点，吸引了来自世界各地游客的目光。这座王宫是为了拍摄电影而临时修建的，在海风的侵蚀下难以得到很好的保存，那座延伸到海中的凉亭就消失不见了。夏日王宫的主要景点是两座宫殿，其中一座气势雄伟的殿堂是电影中国王召见臣子的地方，另一座小些的则是电影中女主角居住的房间，游客来到这里可以追忆起电影中的精彩片段。

TIPS

Lot 1135 Pantai Kok Mukim Padang 604-9592599 RM3.5 ★★★★

32 玛苏丽公主墓园

马来西亚历史名人的驻地

兰卡威岛中央　2令吉　★★★

玛苏丽公主是马来西亚历史上的悲剧性人物，相传她在被人诬陷致死时，身体上流出了白色的血液，以证明她的清白。她的墓园最初的建造时间已经无法考证了，20世纪60年代，马来政府将她的墓园迁移到兰卡威岛的中央，并大兴土木修建了一座华美的墓园。墓园采用马来西亚的传统建筑风格，造型肃穆典雅，白色的大理石碑象征着女主人的纯洁。这座墓园的独特之处是玛苏丽的尸体埋葬在墓园的草地下。

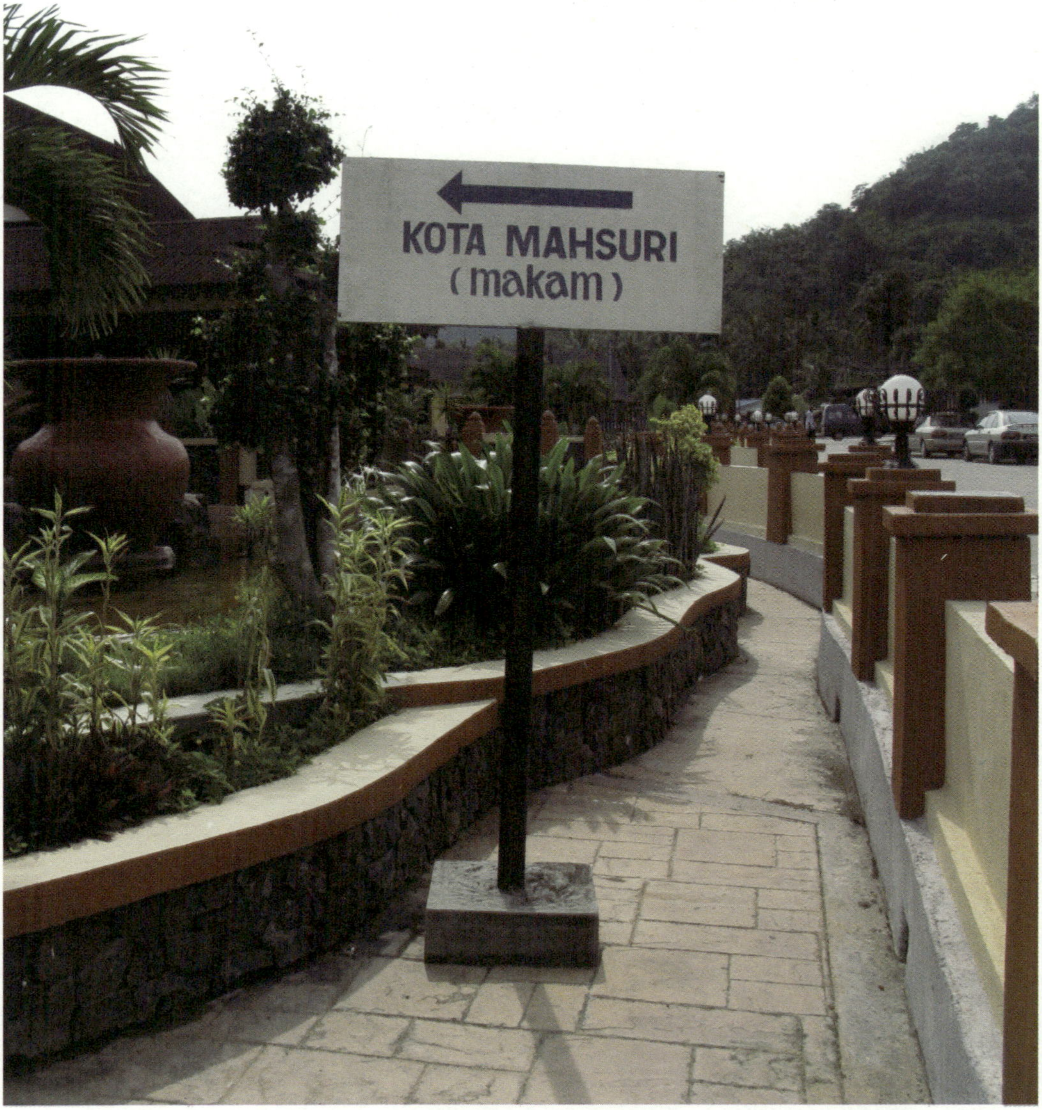

MALAYSIA GUIDE

MALAYSIA

畅游马来西亚

5

彭亨州&丁加奴州

彭亨州是西马来西亚最大的一个州，这里80%的地方都是原始雨林，蒂汪沙山脉从中穿越而过，形成了美不胜收的自然景观。在这里拥有全马来西亚最大的国家公园——大汉山国家公园，有世界十大美丽岛屿之一的刁曼岛，更有云顶高原、金马仑高原这样的度假胜地，是深入自然、和大自然亲密接触的绝佳胜地。丁加奴州以优美的海滩和多样的原住民文化而出名，在这里可以看到当地原住民传统的生活状态，各种精美的手工艺品定能让人眼花缭乱。此外，观看海龟产卵更是这里的招牌节目。

01 刁曼岛

以美丽珊瑚出名的海岛

Pilau Tioman　乘成功集团Berjaya航空的航班可到

★★★★

刁曼岛位于彭亨州东南方的南中国海上，是由64个岛屿构成的火山群岛中最大的一个，面积约760平方公里。这里素以美丽的珊瑚礁而出名，各种颜色、各种造型的珊瑚随处可见，漂亮的鹦鹉鱼、海葵鱼、蝴蝶鱼等更是畅游其间，让无数人神往。当好莱坞电影《南太平洋》上映后，这里更是一炮而红，成为全世界旅客的热门景点。岛上只有一条公路，前往某些景点还要依靠行船，不过这一点也没有减弱人们的热情，岛上的潜水点或是沙滩上经常人满为患。此外，在岛上还有一家大型的度假村，游客可以参加度假村安排的活动行程，度过一个美好而难忘的假期。

02 大汉山国家公园

神秘的原始热带雨林

Pantai Damai, PO Box 2632 Santubong, Kuching, Sarawak ☎609-82423600 专线巴士在大汉山国家公园下 1令吉 ★★★★

大汉山国家公园位于马来西亚的中心地带，这里拥有一大片原始热带雨林，据说已经有1.3亿年的历史了，比刚果和亚马逊雨林还要古老。这里的各种树木花卉、珍禽异兽不计其数，完全是一处自然生态的天堂。在公园里有很多完备的旅游设施，人们可以登上世界上最长的雨林吊桥来一览热带雨林的优美风光，或是在丛林和岩洞内探索未知的世界，丰富的活动让每个游客都无比兴奋。

看点01 树冠吊桥栈道

穿越树冠的惊险栈道

树冠吊桥栈道位于大汉山国家公园内的雨林深处，吊桥悬挂在高耸入云的大树之间，以求能最大程度地减少人类活动对自然的影响。每两棵树之间只能容纳一个人通行。因此这些吊桥每天都有开放时间和行走人数的限制。树冠吊桥共分10段，每段的长度不一，走在上面摇摇晃晃，感觉非常刺激，特别是走完后回头一看，还真让人觉得后怕。

看点02 Lata Berkoh瀑布

水量充沛的瀑布

Lata Berkoh瀑布是公园内最壮美的瀑布，虽然瀑布的落差只有大约50米，但是水流浩荡，气势宏伟，令人叹为观止。由于瀑布下的河水平缓，经常有很多野生动物在这里喝水，形成一幅人类和自然动物和谐共生的魅力图卷。河里有许多大石，水流到这里就会形成一个个激流，于是有人就将这里视作天然的按摩池，躺着享受水的自然按摩，十分舒适惬意。

看点03 Orang Asli村落

体验土著原住民的日常生活

在大汉山国家公园里生活着一群与森林为伴的少数民族——Orang Asli人，他们熟知这里的一草一木，对每一棵树都怀着强烈的感情。哪一种植物有毒，哪一种植物可以食用，哪一种植物可以治病，他们都了解得一清二楚。他们的生活简单而纯朴，森林就是他们的家。每天Orang Asli族的男人们出去打猎，女人们在家做饭带孩子，日出而作日落而息，好像从未被打扰过一般。

03 瓜拉丁加奴伊斯兰教主题公园

以伊斯兰教世界为主题的微缩景观公园

瓜拉丁加奴伊斯兰教主题公园位于丁加奴河口的Wan Man岛上，共分纪念碑公园、战士公园、会议中心、水晶伊斯兰教堂等部分。其中的水晶伊斯兰教堂是这里的主要标志，老远就能看到这座黑色的清真寺建筑。这座清真寺是使用黑色水晶玻璃打造而成，每一片玻璃上都书写着《古兰经》里的文字，表达对真主的赞美。纪念碑公园就是一处迷你的世界建筑园区，这里有21座亚洲地区最知名的建筑，包括印度的泰姬陵、马来西亚的国家清真寺、土耳其的蓝色清真寺等等，还有中国、俄罗斯、伊朗等地的特色建筑。每一幢建筑都仿造得惟妙惟肖，人们不必行走很远就能看遍各国风情。

Pulau Wan Man Losong Panglima Perang,Kuala Terengganu,Terangganu Darul Iman ☎609-6278888 25令吉

★★★★★

水上清真寺

建造在水上的清真寺

Jalan Sullan Mahmud,Kuala Ibai

★★★★

水上清真寺是丁加奴州最有特色的清真寺，它架设在一个浮板台上，底下就是波光粼粼的湖水，远远望去就好像整个建筑是浮在水面上一般。清真寺通体白色，看上去纯洁无瑕，因此很多游客也将这里称为“白色清真寺”。蓝天、绿水、白云、白色清真寺，四者有机地融为一体，成为一片最美丽的风景。这座清真寺的正式名称Tengku Tengah Zaharah是取自建造它的苏丹的名字，1994年当时的苏丹将这座清真寺献给他的母亲作为生日礼物，表达自己的孝心。他找来了最好的建筑师，融合了东西方传统与现代的建筑风格，使得这座清真寺显得独特而又典雅，让人过目难忘。

05 丁加奴州唐人街

充满传统风格的唐人街

丁加奴州唐人街相比起马六甲唐人街的宏大规模来显得有些狭小。因为在这里的华人并不是很多，只占州总人口的5%，但是这里却拥有着独特的非凡魅力，吸引了很多人。唐人街距离市内最重要的巴央市场不远，走进这里就能看到唐人街硕大的牌坊，上面书写着“登嘉楼唐人街”几个大字，牌坊上还有双龙戏珠的装饰。唐人街内大部分房子都是二层小楼，用水泥和木材混建而成，木窗、木门和绘有各种图案的外墙使得整条街道都充满了艺术感。在这里有不少华人活动的痕迹，包括两座古老的寺庙等，都是当地极具价值的地方。

3Jalan Bandar 

06 丁加奴州博物馆

东南亚面积最大的州立博物馆

丁加奴州博物馆位于罗宋山，号称东南亚地区面积最大的州立博物馆。这是一座巨大的木制建筑，从外观上就能看出浓厚的马来西亚传统风格，设计精美的高脚柱和尖尾斜顶都是仿造自丁加奴的古王宫，因此从头到脚都充满了豪华的王室气派。博物馆园区内分为主馆、海事博物馆、渔夫博物馆和4间马来传统房屋与香草花园。在这里主要收藏有马来西亚传统艺术作品及丁加奴州的一些历史文化资料等。特别是在主馆内分了16个展区，展出了马来西亚传统武器、王家历史文物和伊斯兰教的各种特色物品等。人们在这里可以深入地了解丁加奴州在马来西亚历史上占有的重要地位，从而了解这里的辉煌历史。

Muzium Tarengganu Malaysia Bukit Losong,Kuala Terengganu,Terengganu

609-6221444 5令吉 ★★★★★

07 Noor Arfa手工艺中心

买

欣赏当地的传统手工艺

丁加奴是著名的手工艺之乡，无论是纺织品还是木雕，早在数个世纪前就已经是这里的知名特产了。Noor Arfa手工艺中心是丁加奴诸多手工艺制品中心里最大最好的一家。这里的主打产品包括丁加奴著名的布织品巴迪布和桑吉布，前者更重视手绘的技巧，后者是用金银丝混织在布料内的高级织物。这两种布料广泛运用在丁加奴人的生活之中，从平时常见的手提袋到高档的衣物都能见到它们的身影。这座手工艺中心最初只是一家小小的布艺作坊，在主人精心的经营下成为了马来西亚最著名的品牌，其中的心血恐怕只有店主自己知道。这里陈列有很多已做好的成品，游客能直接买到这些布料。

TIPS

Lot 4153,Chendering Industrial Area,Kuala Terengganu,Terengganu Darul Iman ☎609-6179700

★★★★

08 丁加奴海龟保护中心

保护罕见的海龟

TIPS

Rantan Abang Dungun,Terengganu

☎609-8444169 ★★★★

在马来西亚一共有8处海龟主要出没的地方，这些地方一般都设有海龟保护中心，其中丁加奴就有一座。这座海龟保护中心设置在兰道阿邦地区，是海龟上岸产卵的主要地点。在海龟保护中心可以看到海龟产卵的景象，每到每年的5月至9月，海龟们就会爬上岸来找一个地方产卵，工作人员则会在海龟产卵后将卵取走，待孵出小海龟后将它们放回海中。此外，这里另一个引人注目的地方就是可以看到不少珍稀品种的海龟，其中就包括丁加奴最著名的绿毛海龟，这些海龟称得上是马来西亚的国宝级动物，它们很多都是因为被冲上海滩而被人们救下的。各种各样的海龟生活在一起，其乐融融，让人看了也很高兴。

09 乐浪岛海洋公园

宛如天堂一般的美丽岛屿

从吉隆坡乘班机前往乐浪岛 ★★★★★

乐浪岛位于丁加奴外海约50公里的地方，这里一向以宛如天堂一般的美妙景色而为人们所称道。形状多样漂亮的珊瑚礁、五颜六色的热带鱼、洁白如雪的沙滩和宛如翡翠的海水都是来到这里的游客的最爱。在乐浪岛和它周边的海域里，共生活着1300多种热带鱼类和超过500种的珊瑚群，生物的多样性更让这里充满了生趣，因此各种浮潜和深潜活动就成为最受人欢迎的活动。人们可以在水下和精灵古怪的鱼儿们嬉戏，或是在各种诡异造型的珊瑚礁中穿来穿去。在岛上还有超过10家的度假旅馆，如果入住这里，每天度假村都会为客人们安排好出海航行或是潜水等活动，不用客人们去操心这些琐事。

MALAYSIA GUIDE

MALAYSIA

畅游马来西亚

6

沙巴州

沙巴州位于世界第三大岛加里曼丹岛上，是东马来西亚地区的第二大州。这里有着漫长的海岸线、美丽的沙滩和蔚蓝的海水，吸引着来自四方的游客。在首府亚庇每天都是人潮涌动，各种肤色、各种口音的游客也成了这里的一大景观。除了海岸风光外，这里还有着东南亚第一高峰基纳巴卢山和珍贵的红树林区，丰富的野生动植物资源与自然生态景观是这儿最大的魅力所在。

01 沙巴州立博物馆

赏

建于旧时王宫之上的博物馆

沙巴州立博物馆位于亚庇市的旧王宫山丘上，在1984年正式对外开放，占地17万平方米，是一座将传统和现代很好地融合在一起的美丽建筑。博物馆拥有中央展览室以及6间画廊，陈列了北加里曼丹岛上32个原住民族群所使用过的狩猎工具、动物头骨、旧照片以及各种形状和用途的陶瓷制品。从这些陶瓷制品上的图案和工艺就能看出它们分别属于哪个族群，比如素面的就是沙巴州丹南的毛利族，彩绘的则是各个族群用来祭祀先祖时膜拜的偶像，等等。在馆里还陈列着不少加里曼丹岛上的珍禽异兽的标本，如绿毛龟、长鼻猴、红毛猩猩等。在这里还能体验到当地采集燕窝的惊险场面。

TIPS

Locked Bag 2015,Kota Kinabalu,Sabah 608-8253199 15令吉 ★★★★★

02 水上清真寺

赏

通体洁白的清真寺

沙巴州的水上清真寺建造于Likas海湾一处人造的盐水湖上，占地一万多平方米。建筑的主体呈纯白色，配上蓝色的圆顶，有点像是中国出产的青花瓷器，显得庄严而圣洁。这里最明显的标志当属矗立在四周的四根尖顶高塔，这四座塔不光是装饰品，其中最高的一根还作为广播塔使用。每当夕阳西下的时候，落日的余晖会给这里披上一件金色的外衣，湖面上如油画一般的倒影和建筑本身交相辉映，那无法言述的美只有亲自到现场才能感觉到。同时，这座清真寺也是当地最大的清真寺，可以容纳10000多人同时礼拜，每到伊斯兰教的重要节日，这里就挤满了前来做礼拜的信众，十分热闹。

乘1号或3号巴士在水上清真寺下 ★★★★

03 普陀寺

沙巴州最著名的佛教寺庙

普陀寺是沙巴州最著名的佛教寺庙之一，它于1978年建成开光，成为了沙巴州最重要的佛教中心。来到普陀寺，首先就能看到寺庙楼梯两侧那些成排的仙女雕像，这些雕像造型精美，动作栩栩如生，可以看出制作工匠们精湛的工艺。在仙女雕像旁还有一尊大概15米高的观音菩萨雕像，菩萨像的表情庄严慈祥，透出一种普度慈航的慈悲。寺庙中所有的建筑都是采用中国传统庙宇建筑风格修建的，亭台楼阁，雕梁画栋，到处都能感受到中国的传统文化。此外，在这里还有一件镇寺之宝，它是一只有130多岁的金钱龟，庙方让这只龟可以自由自在地在庙中散步，如果运气好，说不定就能见到它。

TIPS

乘15A号巴士在普陀寺下

04 巴天族水上村

水上吉普赛人的传统生活

巴天族是沙巴州的第二大原住民群落，也被人们称作“水上的吉普赛人”。他们一直都过着临水而居、靠水吃饭的生活，虽然物质条件十分艰苦，但是他们却能乐在其中，非常享受自身这种淳朴自然的生活方式，简单而快乐。水上村就位于斗亚兰附近，这里一共居住着4000多户居民，他们的房屋都直接建造在水面上，用木制的支架支撑起来，远远望去就好像浮在水面上一样。当地居民以船作为平时出行和工作的交通工具，几乎每家都会有一两条船。游客们可以在这里亲身体会一下巴天族传统的捕鱼作业，和他们一起出海航行，感受一下水上渔家的日常生活。

哥打基纳巴卢以东，靠近斗亚兰

05 沙巴基金会大厦

亚庇市的地标建筑

沙巴基金会大厦位于Likas海湾地区，建于1977年。这座高耸入云的大楼可以称得上是亚庇市的地标，也是整个沙巴目前最高大的建筑物。很难想象，这座高30层的大楼居然是用一个钢骨圆柱支撑起来的，这种设计方式在全世界也是少见的。大厦里面设施相当先进，有一个大礼堂、两个小型剧院、展览大厅、健身房、图书馆等，甚至还有一个幼儿园。这些设施可以用作举行各种规模的会议、典礼、展览等活动。在大厦的18楼有一个观景餐厅，能够享用到美味的饭菜，不过吃饭并不是最吸引人的，在这里可以360度欣赏四周的风光，不光是亚庇市，更远处的山山水水也可以尽收眼底。

TIPS

Jalan Sulaman,Kota Kinabalu,Sabah 乘5A号巴士在沙巴基金会大厦下 ★★★★

06 沙巴海龟岛国家公园

东南亚最重要的海龟产卵地

沙巴海龟岛国家公园位于山打根北端的苏禄海，这里是东南亚最重要的海龟产卵地，包括珍贵的绿海龟等每年都会来到这里产卵。海龟产卵的场景十分壮观，每天入夜时分，一只只海龟就会从海中爬出，在沙滩上产卵，这是它们一生仅有的会上岸的时期。海龟在产完卵后还会用沙子将卵覆盖起来，等小海龟孵化出来以后，它们就会簇拥着爬向大海，让人十分感动。

10令吉　上午10点30分在山打根码头乘快艇可到

★★★★

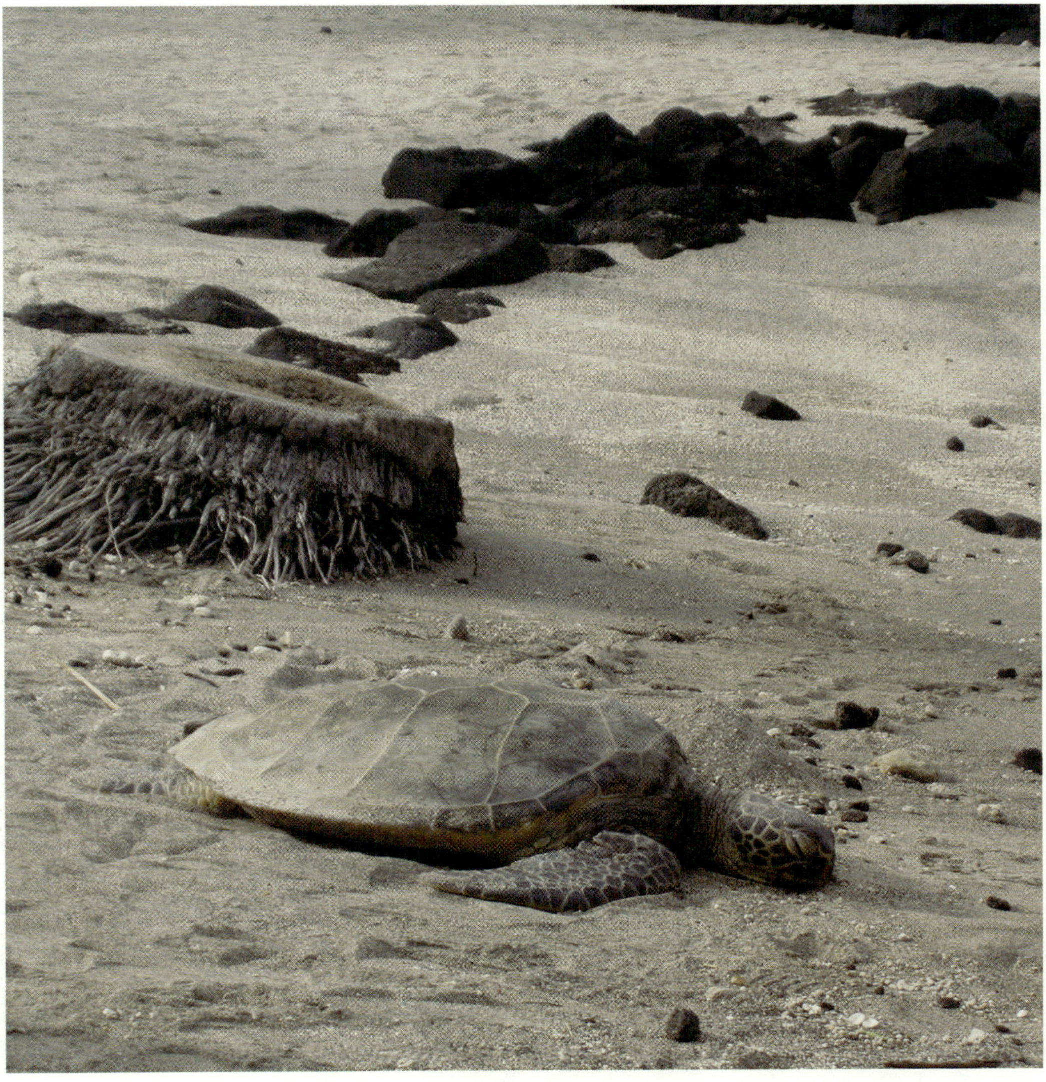

07 东姑阿都拉曼国家公园

由五座各具特色的岛屿组成的公园

东姑阿都拉曼国家公园由五座岛屿组成，它们分别位于哥打基纳巴卢和沙巴岸外。公园主体则位于第二大岛曼奴干岛上，这里拥有服务中心、旅社等设施，可以为游客提供各种服务。在五座岛中，加雅岛是最大的一座，这里拥有10公里长的海岸线和细柔的沙滩，还有马来西亚传统的高脚屋，人们可以在里面享用各种海鲜。

Manukan Island, Kota Kinabalu, Sabah, 88100 608-8248698 10令吉 从亚庇码头乘快艇在东姑阿都拉曼国家公园下 ★★★★★

08 基纳巴卢国家公园

高耸入云的神山

基纳巴卢国家公园又名神山公园，是马来西亚六座最著名的自然公园之一。公园以海拔4101米的基纳巴卢山为中心，这座山山势险峻，气候多变，有很多悬崖峭壁。但是山间植被茂盛，生长有多种珍稀植物，其中光花卉就达千种，包括大王花、胡姬花、猪笼草等很难得一见的植物。在山间还建有矿泉浴池、旅社等设施，方便人们出行。

Kinabalu National Park, Mt. Kinabalu 15令吉 哥打基纳巴卢乘空调巴士在基纳巴卢国家公园下 ★★★★

09 蒙索毕悦文化村

极具特色的猎头族文化

赏

蒙索毕悦文化村也被称作“猎头族文化村”，是为了纪念卡达山杜顺族的猎头英雄蒙索毕悦而建立的。早在300年前，这里就是蒙索毕悦所在的部族生活的地方，他们每打到一个猎物，都会将它们的头骨收藏起来，作为自己的战利品。这里至今还展示着大量动物的头骨，虽然看上去有点毛骨悚然，但是也颇具民族特色。

TIPS

65令吉 哥达基纳巴卢市政厅乘13线公共汽车在Donggongon镇换乘公共汽车在Terawi下 ★★★★

10 山打根雨林探索中心

探索幽深神秘的雨林

雨林探索中心距离山打根市区23公里，这里一半以上地区都被茂密的原始雨林所覆盖，里面神秘幽深，生活着数千种的热带鸟类、昆虫、两栖类、鱼类和哺乳类的野生动物，完全是一片未被开发的处女地。在雨林探索中心里游人们可以参加很多活动，可以在导游的引领下在植物园中漫步，也可以进行各种室内外的活动，身处在这片大自然的礼物中，人的身心仿佛都得到了净化一般，感觉都能听到森林在呼吸。在探索雨林的同时，还能通过环境的熏陶、导游的解说等，促进大众对森林及地球环境采取积极的保护态度，这也正是这座探索中心的宗旨所在。

☎608-9533780 ⓨ10令吉 🚌乘14号巴士在山打根雨林探索中心下 ✪★★★★★

11 京那巴登岸河

马来西亚最大的野生生态流域

赏

京那巴登岸河全长560多公里，在它的下游就是马来西亚最大的野生生态流域苏高区。这里是所有喜爱野生动物的人们绝不容错过的地方。在这里人们根本无需刻意去搜索，只要信步闲游，就会看到各种灵长类、爬行类的野生动物在用好奇的目光打量着你。这里最有意思的事情就是乘坐小船在京那巴登岸河顺流而下，如果是在清晨或是黄昏时分，就能看到一大群的动物聚集在岸边热闹活动的场景，包括罕见的长鼻猴和各种色彩斑斓的热带鸟类，它们就好像在举行盛大的嘉年华一般。此外，人们还可以选择这里特别的夜间巡游活动，亲身体验京那巴登岸河当地原住民的生活。

乘船在京那巴登岸河下 

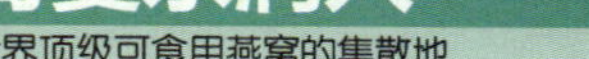

12 哥曼东洞穴

世界顶级可食用燕窝的集散地

TIPS

¥30令吉　山打根乘车在哥曼东洞穴下　★★★★

哥曼东洞穴地处哥曼东雨林保护区的中心，是由两个洞窟互相交错而成的。这里被世界野生动物基金会认定为世界顶级可食用燕窝的集散地。在洞里生活着大量的金丝燕和白燕，每年这里都会出产大量的燕窝，经常可以看到那些不畏艰险的采集燕窝者登上数十米高的峭壁采摘燕窝。除此之外，游客们还能在洞中观看燕子筑巢的过程。

13 西必洛猿人保护区

世界最大的类人猿保护区

在西必洛生活着一种被称为“婆罗州野人”的红毛猩猩，这是与人类亲缘最近的灵长类动物之一。这个猿人保护区面积达45平方公里，是目前世界上最大的类人猿保护区，在这里除了生活有红毛猩猩外，还有马来犀牛等濒临灭绝的物种。保护区内的旅游路线都是由木质栈道构成的，游客能看到红毛猩猩们在保护区内自由地嬉戏玩耍，以及饲养员喂食的情景。

TIPS

Labuk Road Km 22, Kuala Lumpur 608-8248698 30令吉 在山打根乘Sepilok Batu 14蓝色公共汽车在保育中心下 ★★★★

14 西巴丹岛

世界顶级的潜水场

玩

西巴丹岛是位于沙巴的一座深海岛屿，岛身直接从600米深的海底宛如定海针一般笔直伸出，所以在西巴丹岛只要多跨出一步，海水就会从3米深一下子变成600米深。因此这里也就成了世界顶级的潜水胜地，在水下拥有迷人的景色，各种海葵、海绵、珊瑚好像鲜花一样绽放，一万多条白鱼组成的鱼群从身边拂过，那种美景只有亲身体验才能感受到。

Pulau Sipadan 山打根乘车在仙本那换乘去西巴丹岛的船 ★★★★

MALAYSIA GUIDE

MALAYSIA

畅游马来西亚

7

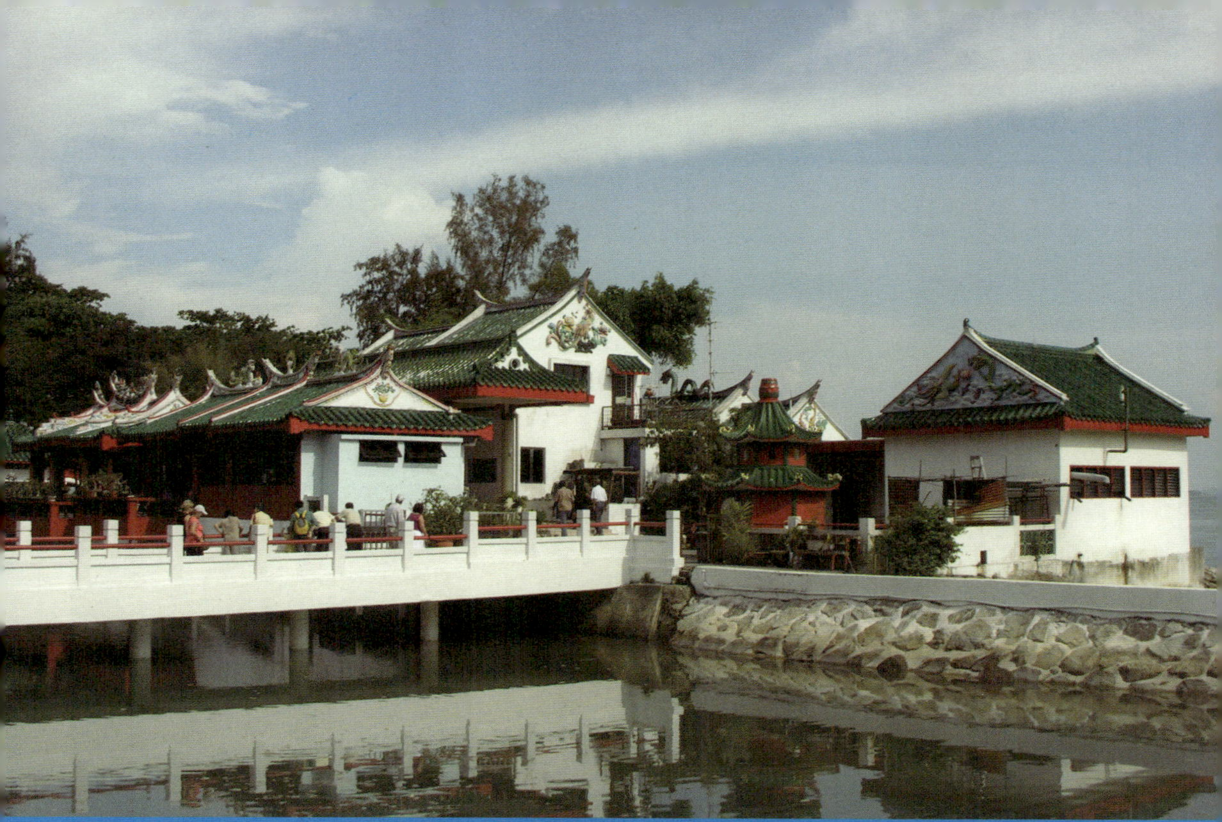

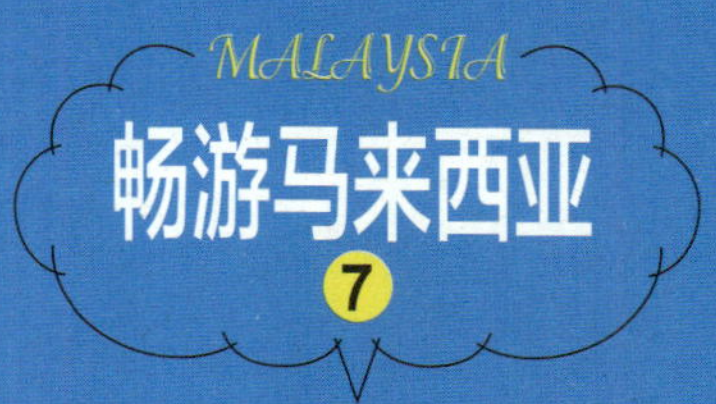

沙捞越州

位于加里曼丹岛西北部的沙捞越州是马来西亚最具原始风情的一个州，也是东马来西亚地区最大的州。这里拥有错综复杂的河网，有广袤的原始雨林和多样化的生态系统，吸引了来自四面八方的人前来参观。同时这里还居住着不少原住民，他们展示出来的传统生活和文化别具特色，非常值得体验一番。

01 巫鲁山国家公园

探索世界上最大的洞穴

巫鲁山国家公园位于沙捞越的东北部，这里拥有变化多端的岩溶地形，各种幽深神秘的岩洞是这里最大的特色。其中长600米、宽415米、高80米的沙捞越穴是世界上已知的十大洞穴之一，在洞中有姿态万千的钟乳石，就好像是大自然鬼斧神工雕刻出来的艺术博物馆一般，吸引了无数地质爱好者趋之若鹜。

TIPS

Borsarmulu Park Management P.O. Box 2413.Miri,98008 Sarawak

608-5792305　10令吉　从Baram、Tutoh Melinau坐船在巫鲁山下

★★★★★

看点01 月亮洞

光线昏暗的洞窟

月亮洞是巫鲁山国家公园内开放的少数几个洞窟之一，也是几个洞窟中最黑的一个。洞里几乎没有光亮，人们只能依靠手中的电筒慢慢地摸索前进。如果是在白天，阳光会在洞窟中照射出“宛如月光般的”效果。虽然洞壁上不断往下滴着水珠，甚至还有鸟粪或是蝙蝠粪，条件十分艰苦，但是这反而会激起人们探索未知的欲望，促使他们去征服这片黑暗的世界。

看点02 沙捞越岩洞

世界上最大的石厅

沙捞越岩洞被誉为“世界上最巨大的洞内自然厅堂之一”，这处石厅长600米，宽415米，高80米，据说可以容纳下40架波音747飞机。不过想要进入这个大厅也绝非易事，人们需要先穿过一个叫做“好运气”的狭窄通道，如果游客身形稍胖或者通道被石头或是海水阻塞，就会被挡在岩洞外，与这壮美的石制大厅无缘了，可见想要一览其中的景观还是挺不容易的。

看点03 清水洞

东南亚最长的岩洞

清水洞号称“东南亚最长的岩洞穴脉”，它全长200多公里。洞内有一条清澈冰冷的地下河，河道很窄，仅能容许小船通过。这条河也是世界上最长的地下河之一，有107公里长，河水冰冷彻骨。如果到了雨季，水势更是凶猛。在河边有不少被河水侵蚀冲刷的石头，从中可以看出大自然水滴石穿的伟大力量，以及这里在远古时代曾经是海洋的例证。

看点04 鹿洞

看蝙蝠齐飞的场景

鹿洞在规模上与沙捞越岩洞不遑多让，洞内的大厅有5座英国圣保罗大教堂那么大。据说很久以前在洞里生活着不少野鹿，所以才有了这个名字。洞中黑暗幽深，不时有散发出点点荧光的小虫从人们身边飞过。深入大厅，地面上便越来越湿滑难行。在这里能看到无数的蝙蝠和燕子。每当黑夜降临，数百万只蝙蝠一起涌出洞窟觅食的场景无比壮观，人们还特地在洞窟对面设置了观蝠台来观看这一盛景。

看点05 内脏洞

色彩好像人类内脏的洞窟

内脏洞这个名字听起来很可怕，但是却真实反映了洞内的情况。在这座洞窟里有不少奇形怪状的钟乳石及石笋，洞壁上的颜色就好像人体的内脏一般，所以才有了这么个奇怪的名字。这些颜色都是天然形成的，能变成这个样子完全是大自然的巧合。各种钟乳石更是形成了千奇百怪的姿态，大自然的鬼斧神工在这里尽显无遗。

02 沙捞越文化村

了解沙捞越少数民族文化

沙捞越文化村位于山都望山下的一处森林之中，在这里并列着7座民俗屋，代表了当地7个少数民族的传统文化。在这些民俗屋里，人们可以看到该民族的特有文化和艺术，发现这些民族各有各的专长和特色，他们都拥有十分灿烂的文化。除了参观外，人们还能品尝到美味独特的糕点和小吃，会使每个人都满意而归。

Pantai Damai, PO Box 2632 Santubong, Kuching, Sarawak 60令吉 古晋乘巴士在山都望下 ★★★★

03 沙捞越博物馆

马来西亚馆藏最丰富的博物馆之一

沙捞越博物馆是马来西亚馆藏最丰富的博物馆之一，这座建于1891年的博物馆汇集了各个方面的数千件展品。其主体建筑为自然历史博物馆，里面展出了大量当地特有的动物标本和原住民的传统文化，还复原了一座当地传统民居，能让人们更详细地了解这里的风土人情。在自然历史博物馆旁还有美术馆，陈列了不少沙捞越风格的木雕作品和当地艺术家的绘画。

Jalan P. Ramlee　608-2244232　乘公共汽车在Chin Lian Long Bus Station下　★★★★

04 沙捞越州立清真寺

沙捞越最大的清真寺之一

沙捞越州立清真寺就位于沙捞越河畔，这座清真寺建于1968年，是沙捞越最大的清真寺之一。这座清真寺原本是一座建于1852年的木制大清真寺，由于古晋穆斯林人数越来越多，原有的清真寺无法再容纳这么多人，所以才将这座清真寺改建成如今的样子。它拥有金碧辉煌的圆顶和塔楼，从老远就能看到，人们禁不住会停住脚步仔细打量。尤其是大大小小七座圆顶上都贴上了金，在阳光下闪闪发光，晃人眼球。在伊斯兰教规定的一天5次祷告时间内，这里都是人头攒动，因此最好不要在这期间参观清真寺，以免打扰他们，进入清真寺时也要注意很多清规戒律。

TIPS

Jalan Datuk Ajibah Abol

乘巴士在州立清真寺下

★★★★

05 古晋市场

了解当地人的日常生活和风土人情

逛

古晋市场是了解当地人的日常生活和风土人情的最好地方，也是外地来的游客必去的场所。在这里最大的标志就是那座巨大的红色高塔，原本是为了防火而设置的瞭望塔，不过现在早已失去了当时的功能，而成为了这里最明显的地标。每到交通高峰时期，古晋市场周围总是水泄不通，因此要出门的人可要小心了。在这里有很多出售各种纪念品和小手工艺品的摊位，菜贩子、上班族、游客等各色人穿梭其间，构成一幅相当热闹的风情画。此外，在古晋还有一处只在周末开放的周末市场，在那里能看到不少平时罕见的古董和纪念品等，如果有机会一定不能错过。

Jalan Satok　乘巴士在古晋市场下　★★★

06 古晋伊思坦纳王宫

古晋最重要的建筑

伊思坦纳王宫是古晋最重要的建筑，始建于1870年，是当时的古晋统治者查理士送给其妻的新婚礼物。这座王宫共分3个部分，当中用走廊相连接，每个部分从外观看都是极尽奢华，造型富有当地特色。不过，如今这里是沙捞越州总督的府邸，所以不对外开放，人们只能通过一些资料介绍来了解王宫中那些金碧辉煌的装饰。

Kampung Istana,93050,Kuching, Malaysia 

07 玛格丽特城堡

城堡改建的警察博物馆

乘公共汽车在Kubu Jetty站下 

玛格丽特城堡位于古晋城中，是以当时古晋第二代统治者查理士的妻子玛格丽特的名字命名的。这座城堡外形看起来比较简单，主要以防守外敌入侵为目的，占据了十分险要的地形，同时还拥有很多防御设施。如今这里已经被改造成警察博物馆，在博物馆内陈列着当地警察从组建到现在的很多资料，是一处馆藏颇丰富的博物馆。

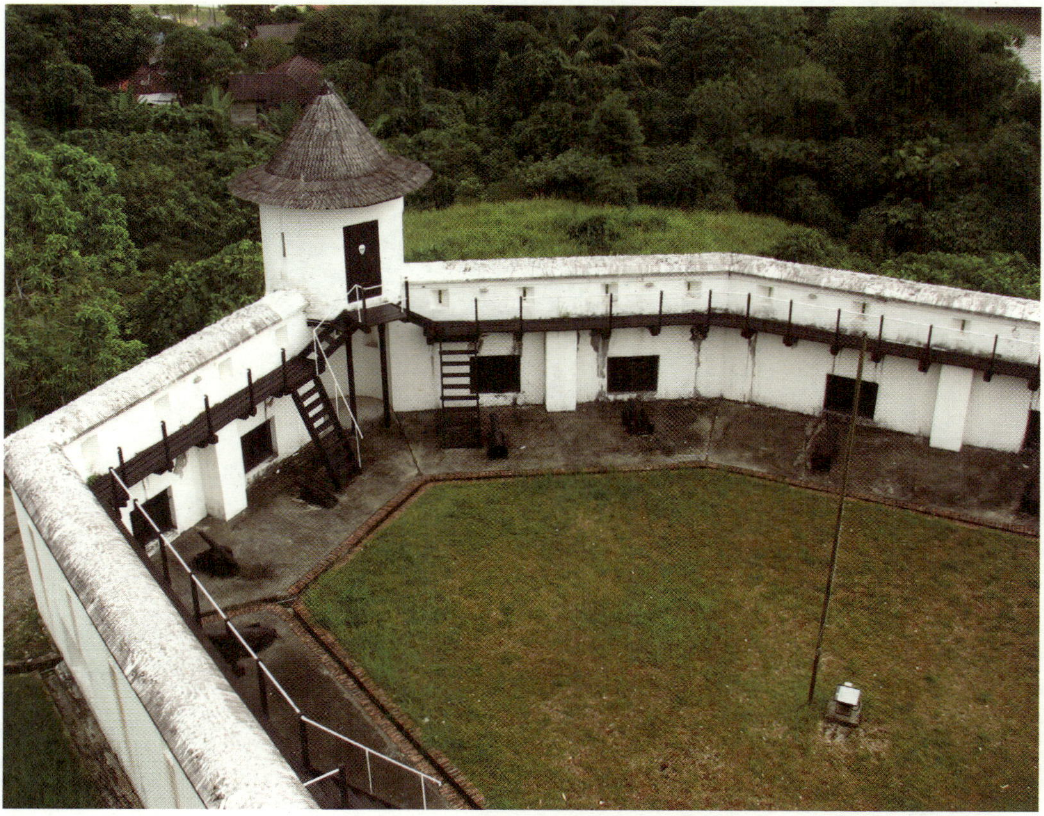

08 甘比亚大市场路

逛

看各种中式建筑

甘比亚大市场路位于古晋的步行街区，这里连同木匠路一起成为古晋旧城区的商业中心。在这条大街上排列着不少中式商店和建筑物，当中很多商店及工坊都是传承了好几代的家业，展现了中国第一代移民在这里奋斗的历史。除了商店、古董店、木匠铺等外，这里还有咖啡店、餐馆等供人休闲放松的地方，逛累的人们完全可以在这里放松身心。

TIPS

Jl.Gambier Main Bazaar 

猫博物馆

世界上独一无二的博物馆

猫是古晋的代表动物，古晋也拥有世界上独一无二的猫博物馆。这座博物馆成立于1987年，占地超过1000平方米。馆内主要分4个部分，展示了来自世界各地的近2000件有关猫的展品。同时还兼具对猫的研究、收藏、展览、教育、纪念，以及促进对猫的了解等各项功能，是来自全世界的爱猫人士最喜欢的地方。

Bukit Siol,Kuching 608-2446688 

10 沙捞越高等法院

宏伟的欧式建筑

TIPS

Jalan Barrack路　608-2410944　

沙捞越高等法院位于沙捞越河南岸，曾经是沙捞越州最高等级的法院所在地，建于1871年，也被当地人直接称为“大法院”。早在白人拉惹统治沙捞越时期，这里就是重要的行政中心。这座建筑物的外观非常宏伟，大楼顶端是一座建于1883年的巴洛克式钟楼，在门上、窗户上及天花板上到处都能看到华丽的沙捞越各族群的代表图案。在高等法院的正前方，是1942年建成的白人拉惹布洛克的纪念碑，当时各种大型庆典仪式和活动都是在这里举行。可以说这里到处都充满了那个时代的色彩，是了解当时历史文化的最好地方。如今这里作为东马来西亚的高等法庭，依然在发挥着自己的作用。

11 华族历史文物馆

赏

华人的百年奋斗史

华族历史文物馆是当地华人奋斗史的集中地，这里原本是一座华人法庭，拥有100年的历史。它的建筑极具中国特色，四方形的馆内正中是展览大厅，左右分别是辅助厢房。在这里每道门上都刻着天秤的图案，象征着法庭的公平。这里的展品也都和华人有关，生动地将华人先祖们不畏艰险、开拓奋斗的历史一一展示了出来。

乘公共汽车在Encik Omar Jetty站下 ★★★★

12 春天购物广场

沙捞越州规模最大的百货商场

春天购物广场建于2008年，是沙捞越州规模最大，也最具现代化色彩的百货商场，这里汇集了时尚、娱乐和美食，是整个沙捞越繁荣商业的代表。这座购物广场的建筑颇具澳大利亚和新西兰这些大洋洲国家的特色，2层楼的空间内共有营业面积3.3万平方米，包括一家超级市场、一间书店和150多个品牌专卖店。吃穿住用行等各方面的商品应有尽有，让人们眼花缭乱。除了购物，这座广场还设置有美食区，供应各式各样的美味，包括马来餐、印度餐、娘惹餐、印尼餐和其他国家的特色饭菜，甚至还有星巴克咖啡屋等休闲场所。在购物之余，人们可以来到这里，放松一下疲惫的身体。

TIPS

The Spring,Jalan Simpang Tiga,Kuching,Sarawak 608-2238111 ★★★★

13 泗里街小镇

典型南国风情的小镇

泗里街小镇就位于古晋市东北方，人们可以乘坐极具特色的幸运水上巴士来到这里。这座小镇虽然人口不是很多，规模也并不大，但是却拥有丰富的物产。其中之一当属菠萝，这里出产的菠萝果肉饱满，鲜嫩多汁，味道极佳。每个人吃过以后都会赞不绝口，甚至还因这些菠萝将这座小镇命名为“黄梨镇”。除了菠萝外，这里最著名的特产要数燕窝了，在泗里街有不少二层建筑，经常有家燕在这里筑巢产卵，有时候人们还会用一些手段来引诱燕子筑巢。当小燕子孵化飞走以后，这些燕窝就会被采集起来，成为珍贵的补品。此外，人们还能在小镇上随意散步，感受这里典型的南国海岛风情。

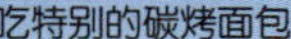

95 Quarantine Rd. Annesbrook,Nelson 603-5474573 ★★★

14 泗里街益星号

吃特别的碳烤面包

说起泗里街最具人气的美食，几乎所有人都会推荐益星号碳烤面包，如果觉得这种面包平淡无奇，没什么特点，那可真是小看它了。这家店里的面包除了是完全手工碳烤的以外，里面还涂上了店家特制的“咖椰酱”，店家在酱里加上了独特的配料，使得散发碳香味的面包更具美味，让人每吃一口都会觉得齿颊留香。正因为这小小的面包，使得更多的人对这家叫益星号的小店产生了兴趣。这家店规模不大，里面那木桌木椅随处都充满了20世纪的怀旧味道，四处都弥漫着面包和咖啡的香味，让人走进来就会不禁坐到桌子旁，点上几片面包、几杯咖啡，慢慢地享受一下午。

泗里街码头 ★★★★★

15 大伯公寺 赏

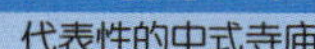

代表性的中式寺庙

TIPS

Jalan Tunku Abdul Rahman　☎606-4312005　乘公共汽车在Encik Omar Jetty站下　★★★★

大伯公寺是古晋最古老的寺庙之一，供奉着中国南方信仰的大伯公。这座寺庙已经有超过200年的历史，虽然规模不大，但却是当地华人的信仰中心之一，是公认的最具代表性的中式庙宇。在寺前摆放着一座硕大的铜制香炉，里面香火不断，经常可以看到有人在香炉前敬香祈祷，以求平安。

16 伊班族长屋

看土著民族的传统民居

TIPS

在古晋码头乘长尾船前往部落 ★★★★

伊班族是沙捞越州人口最多的土著民族，在沙捞越全境都有分布。他们大多居住在雨林中有水源的地方，长屋是他们祖祖辈辈流传下来的传统民居。这些长屋大多沿着河岸建造，外形好似蛇笼一般颀长，底下有竹制高脚，周围有栏杆，据说这样的设计是为了防止当地的蛇虫猛兽等侵入到屋中。长屋内部则通常由一排房间和一个大厅组成，每一个房间就是一户人家，因此长屋越长，说明汇集的人家越多。居住在长屋内的伊班族人共享各自的资源，共同劳动，宛如一个小小的社会。他们主要以男耕女织的生活为主，男人在外劳作，女人在家制作一些手工艺品或是纺织，虽然简单，但是他们却十分享受这淳朴的生活。

17 山都望渔村

拥有美丽海滩的小渔村

逛

山都望是位于古晋不远的小渔村，别看它现在如此不起眼，在1000多年前这里可是一处重要的贸易中心。如今在这儿只能看到低矮的民房和一棵棵随风摇曳的椰子树，一片自然悠闲的景象。这里的海滩风光十分漂亮，拥有三座在马来西亚最为人们青睐的海边度假村，可以为游客们提供很多娱乐项目，尽情地享受大自然带来的乐趣。

TIPS

Santubong 93050　古晋乘巴士在山都望下　★★★★

18 巴科国家公园

沙捞越历史最悠久的自然公园

TIPS

JI Tun Abang Haji Openg, Kuching　608-2246575

古晋乘巴士在巴科国家公园下　★★★★

建于1957年的巴科国家公园是沙捞越历史最悠久的自然公园，公园位于南中国海之畔的Muara Tebas半岛上，拥有大量石岬和海滩以及砂岩高地景色，可以看到罕见的岩石海滩和壮观的砂岩峭壁。同时在这里还有很多沿海生长的野生动植物，其中最出名的当属长鼻猴，在海滩边经常可以看到这种动物出没，非常可爱。

19 库巴国家公园

看壮观的砂岩和页岩地形

库巴国家公园距离古晋市区很近，这里拥有一片世界上最古老的热带雨林，来到公园可以看到壮观的砂岩和页岩地形，潺潺流水从峭壁上飞流直下，形成壮丽的瀑布。同时这里还拥有形态丰富的野生动植物，其中包括马来野生动物中心，这里专门训练动物恢复野性，让它们独立在森林中生活。此外在这里还有少数民族的传统长屋，可以让人们了解他们的民俗风情。

TIPS

the kubah national park，Kuching　古晋乘巴士在库巴国家公园下　★★★★

畅游马来西亚 MALAYSIA

索引 INDEX

A

B

D

F

G

K

L

N

P

Q

S

考拉旅行书目，带您乐游全球！

攻略系列！

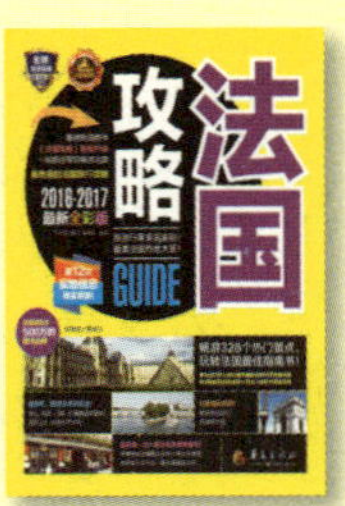

更多图书
敬请期待……

考拉旅行书目，带您乐游全球！

畅游系列！

图书在版编目（CIP）数据

畅游马来西亚 /《畅游马来西亚》编辑部编著 . -- 北京：华夏出版社，2020．1

ISBN 978-7-5080-9604-9

Ⅰ．①畅… Ⅱ．①畅… Ⅲ．①旅游指南 - 马来西亚 Ⅳ．① K933.89

中国版本图书馆 CIP 数据核字（2018）第 254201 号

畅游马来西亚

作　　者　《畅游马来西亚》编辑部
责任编辑　杨小英
责任印制　刘　洋

出版发行　华夏出版社
经　　销　新华书店
印　　装　河北赛文印刷有限公司
版　　次　2020年1月北京第1版　2020年1月北京第1次印刷
开　　本　720×920　1/16开
印　　张　14
字　　数　200 千字
定　　价　58.00 元

华夏出版社　地址：北京市东直门外香河园北里 4 号　邮编：100028
网址 :www.hxph.com.cn　电话：（010）64663331（转）
若发现本版图书有印装质量问题，请与我社营销中心联系调换。